AF565728

Professor Raman Prinja

# Wunder am Sternenhimmel

Illustriert von Jan Bielecki

# INHALT

# VORWORT

Die Erforschung des Weltraums mit moderner Computertechnik und Roboter-Raumschiffen ist erst seit dem letzten Jahrhundert möglich. Auch die Erfindung des Teleskops liegt nur etwa 400 Jahre zurück, sodass wir viele Erkenntnisse über das Universum, die wir heute haben, den Generationen von Menschen verdanken, die jahrtausendelang astronomische Ereignisse und Objekte mit bloßem Auge beobachtet haben, um sich einen Reim darauf zu machen, was oben am Nachthimmel vor sich geht.

Die Astronomie verbessert nicht nur unser Verständnis vom Aufbau und den Dynamiken des Universums, sondern sie lässt uns auch über uns selbst und unseren Planeten nachdenken – diesen winzigen Fleck im endlosen Weltall. Obschon die Astronomie und die Erforschung des Weltraums der Technologie alles Erdenkliche abverlangt haben, gibt es noch unendlich viel mehr zu erforschen.

Wenn wir in den Himmel blicken, erscheint das Universum wie ein stiller, immer gleicher Ort. Seine unermessliche Weite ist uns vertraut – der Himmel sieht für uns immer gleich aus, egal, wie alt wir sind. Mit dem Universum assoziieren wir ewiges Bestehen. Doch in Wirklichkeit ist es ein Ort stetiger Veränderung, wir bemerken es nur nicht. Wir können sehen, wie Himmelskörper wie die Planeten oder der Mond sich bewegen, weil sie uns am nächsten sind, aber jenseits unseres Sonnensystems gibt es Billionen umherrasender und sich ausdehnender Sterne und Galaxien. Wir können ihre Bewegungen nur nicht sehen, weil sie sich unendlich weit von uns entfernt an einer anderen Stelle des Universums befinden.

Ein besseres Verständnis des Weltalls im Jetzt ermöglicht uns den Blick auf seine Zukunft. Wir können weder in der Geschichte zurückblättern, um mehr über seine Vergangenheit zu erfahren, noch mit einer Zeitmaschine in die Zukunft reisen. Aber dank der gesammelten Daten ist die Forschung in der Lage, eine ziemlich genaue Vorstellung zu bekommen. Anhand von Momentaufnahmen kann sie Schlüsse auf die Entstehung der Objekte im Universum ziehen. Indem man aktuelle astronomische Erkenntnisse anwendet, gelingt es, künftige Veränderungen zu beschreiben.

Die Beobachtungen, die im Laufe der Zeit gemacht wurden, zeigen, dass das gesamte Universum sich in stetigem Wandel befindet – und dass es im Lauf der kommenden Jahrmilliarden ganz anders aussehen wird als heute.

Und so wie das Universum sich immer weiter ausdehnt, erweitert sich auch unser Verständnis und verschiebt die Grenzen unseres Wissens von ihm und allem, was sich in ihm befindet. Das Weltall ist ein Ort voller Geheimnisse, und Tausende von Wissenschaftler*innen auf der ganzen Welt versuchen, sie zu ergründen.

Und wer weiß, vielleicht bist auch du eines Tages Teil der nächsten Generation von Forschenden, die sich dieser bedeutenden Herausforderung stellen – an spannenden, ungelösten Rätseln mangelt es nicht! Was für ein inspirierender Beruf. Denn auch wenn wir uns dessen nicht immer bewusst sind: Die wissenschaftlichen Erkenntnisse aus dem All sind eng mit unserem Leben auf der Erde verbunden und helfen uns, Wissen für das Leben auf dem Boden zu generieren.

Die Wissenschaft weckt unsere Neugierde und unser Einfallsreichtum und der Blick in die Zukunft beleben ganz von selbst unsere Neugierde und Fantasie. Wir hoffen, dass du nach der Lektüre dieses Buchs mit mehr Kenntnissen über unser Universum in diese verwirrende Weite hinaufblicken kannst.

# WUNDER AM STERNENHIMMEL

ASTRONOMIE BEGINNT
MIT EINEM BLICK HINAUF

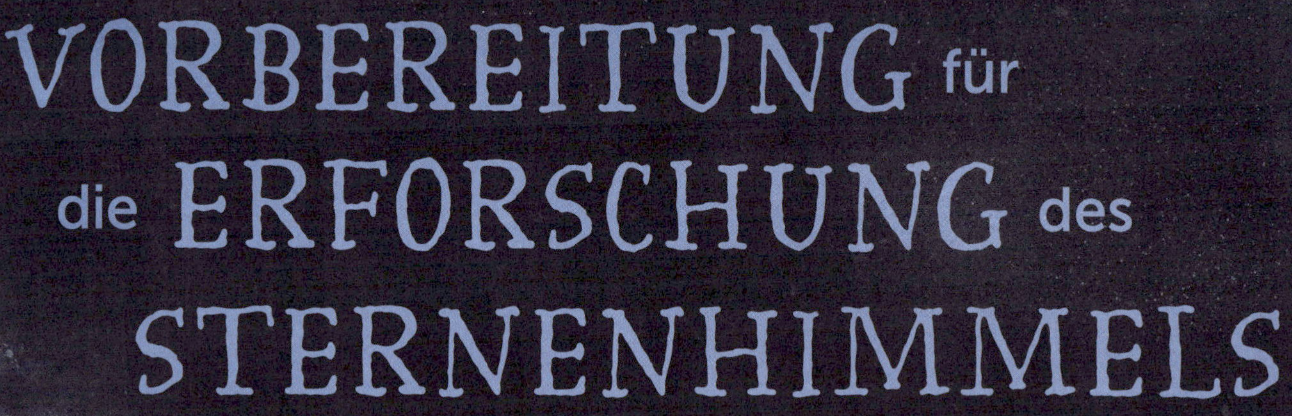

# VORBEREITUNG für die ERFORSCHUNG des STERNENHIMMELS

Der Sternenhimmel begeistert durch seine Schönheit und ist ein Ort für Erforschungen. Auch ohne besondere Ausrüstung kannst du viele Wunder im Universum beobachten. Dieses Buch nimmt dich mit auf eine Reise zu den Sternen, Planeten, Kometen und Monden. Du wirst einiges über das, was du dort siehst, und seinen Platz im All erfahren. Das Wichtigste beim Sternegucken ist jedoch, dass es dir Spaß macht!

*Beginnen wir mit ein paar praktischen Tipps.*

## Möglichst hoch und dunkel

Ein dunkler Himmel, weit entfernt von der Stadt und ihren Straßenlaternen und Gebäudebeleuchtungen (der sogenannten *Lichtverschmutzung*), ist der ideale Ort für Beobachtungen am Nachthimmel. Ein hoch gelegener Ort, wie zum Beispiel ein Hügel in einem Park oder auf einer Wiese, ist hilfreich, damit du einen uneingeschränkten Blick hinauf hast. Gehe immer in Begleitung von vertrauenswürdigen Erwachsenen.

## Gib deinen Augen Zeit, sich an die Dunkelheit zu gewöhnen

Unsere Augen brauchen einen Moment, um sich an die Dunkelheit zu gewöhnen. Nach etwa einer halben Stunde haben sie sich angepasst und du kannst auch lichtschwache Objekte am Himmel erkennen. Solltest du bei deinen Beobachtungen Licht brauchen (zum Beispiel, um etwas in diesem Buch nachzuschlagen!), verwende eine mit rotem Zellophanpapier abgedunkelte Taschenlampe. Rotes Licht hat nicht die gleiche grelle Wirkung auf unsere Augen wie blaues oder weißes.

## Sei vorbereitet

Bedenke, dass es selbst im Sommer nachts empfindlich kühl werden kann. Zieh mehrere Schichten warmer Kleidung übereinander. Nimm Getränke und etwas zu essen mit und pack eine Decke ein, damit du dich bequem hinsetzen oder hinlegen kannst. Das Sternebeobachten macht gemeinsam mit einer Gruppe noch mehr Spaß.

## Astronomie mit dem Fernglas

Wenn du die Planeten noch genauer betrachten oder die Krater auf dem Mond sehen willst, ist ein Fernglas ein hervorragendes Hilfsmittel. Es ist günstiger und leichter zu transportieren als ein Teleskop.

Daneben gibt es viele nützliche Apps für Smartphones und Tablets, mit denen du die Positionen der Sterne von deinem Standort aus bestimmen kannst. Vergiss nicht, den Nachtmodus zu aktivieren.

## Nur Geduld

Astronomie erfordert viel Zeit und Geduld. Es kann sein, dass das Wetter dir einen Strich durch die Rechnung macht und es plötzlich feucht wird oder der Himmel sich bewölkt. Manchmal kann es Stunden dauern, bis sich Sternschnuppen zeigen, und wenn sie dann endlich vorübersausen, kann es sein, dass du sie verpasst. Den Großteil deiner Zeit wirst du damit verbringen, kleine schwache Objekte am Himmel zu suchen – stell dir das wie eine interstellare Schatzsuche vor.

# STERNTYPEN

In klaren Nächten kannst du Sterne am Himmel beobachten. Wie viele du siehst, hängt davon ab, ob du dich in einer von künstlichem Licht überfluteten Stadt oder auf dem dunklen Land befindest. Je nachdem kannst du zwischen 100 und 2.000 Sterne pro Nacht sehen.

*Nicht alle Sterne sind gleich, also halte doch mal nach folgendem Ausschau:*

**Erforsche die Farben**

Wenn du genau hinsiehst, wirst du feststellen, dass nicht alle Sterne dieselbe Farbe haben. Einige leuchten orangerot und andere blauweiß oder gelbweiß.

**Warum das so ist:**

Die Farben der Sterne geben Hinweise auf ihre unterschiedliche Oberflächentemperatur. Blauweiße Sterne sind heißer als gelbweiße und die wiederum heißer als orangerote.

## Erforsche die Helligkeit

Ein weiteres Unterscheidungsmerkmal ist, dass nicht alle Sterne dieselbe Leuchtkraft besitzen, sie können unterschiedlich hell sein. Manche Sterne strahlen nur sehr schwach und andere stärker als die Sonne.

### Warum das so ist:

Sterne, die weiter entfernt sind, erscheinen uns aufgrund der großen Distanz weniger hell. Andere sind hingegen einfach riesig und wirken deshalb leuchtstärker als kleinere, kühlere Sterne.

## Erforsche die Winzigkeit

Erscheinen dir Sterne wie winzige Stecknadelköpfe am Nachthimmel? In Wirklichkeit ist jeder dieser funkelnden Juwelen ein riesiger Ball aus glühendem Gas.

### Warum das so ist:

Ein Stern kann bis zu 10-mal kleiner oder bis zu 2.000-mal größer als die Sonne sein. Diese riesigen Himmelskörper kommen uns nur so winzig vor, weil sie weit von uns entfernt sind.

Der Stern, der uns nach der Sonne am nächsten ist, heißt Proxima Centauri und unser Abstand zu ihm ist 268.000-mal größer als jener zwischen uns und der Sonne.

*In besonders dunklen Nächten kannst du mit bloßem Auge Sterne sehen, die bis zu 150 Trillionen Kilometer entfernt sind!*

# STERNBILDER

## DER NÖRDLICHEN HEMISPHÄRE

Eine Konstellation ist eine Gruppe von Sternen, die scheinbar ein bestimmtes Muster ergeben. Es ist ein bisschen so, als würdest du „Malen nach Zahlen" am Himmel spielen. Die meisten dieser Figuren wurden vor Tausenden von Jahren von griechischen und römischen Dichtern, Bauern und Astronomen *geschaffen*, die sich damit Geschichten über Götter, Legenden und mythische Gestalten erzählten. Die Internationale Astronomische Union (IAU) hat sich heute auf 88 offizielle Konstellationen festgelegt. Wenn du dich mit ihnen auskennst, helfen sie dir dabei, dich am Himmel zurechtzufinden. Auf den nächsten Seiten lernst du ein paar Konstellationen kennen, die besonders gut von der Nordhalbkugel aus zu erkennen sind. (Die Nordhalbkugel ist der oberhalb des Äquators gelegene Teil der Erde.)

### Ursa Major

Der *Große Bär* (in der Fachsprache *Ursa Major* genannt) zählt zu den bekanntesten Sternbildern, die es gibt. Du findest ihn, wenn du zwischen Januar und März gegen 20 Uhr in Richtung Nordosten blickst.

Innerhalb des Sternbilds Ursa Major gibt es sieben besonders helle Sterne, die das Teilsternbild *Großer Wagen* bilden.

### Ursa Minor

Mithilfe der zwei hellsten Sterne des Großen Wagens kannst du ganz leicht ein weiteres bekanntes Sternbild finden – den *Kleinen Wagen* (auch *Ursa Minor* oder *Kleiner Bär*). Der *Polarstern (Polaris)* ist der hellste Stern des Kleinen Wagens.

## Kassiopeia

Wenn du in den Monaten von April bis Juni gegen 20 Uhr nach Norden schaust, ist das Sternbild *Kassiopeia* auszumachen, das aus fünf Sternen besteht, die ein markantes *W* bilden.

*In der griechischen Mythologie wurde Königin Kassiopeia zur Strafe für ihren Hochmut an ihren Thron im Himmel gekettet, auf dem sie immerfort den Polarstern umkreisen muss.*

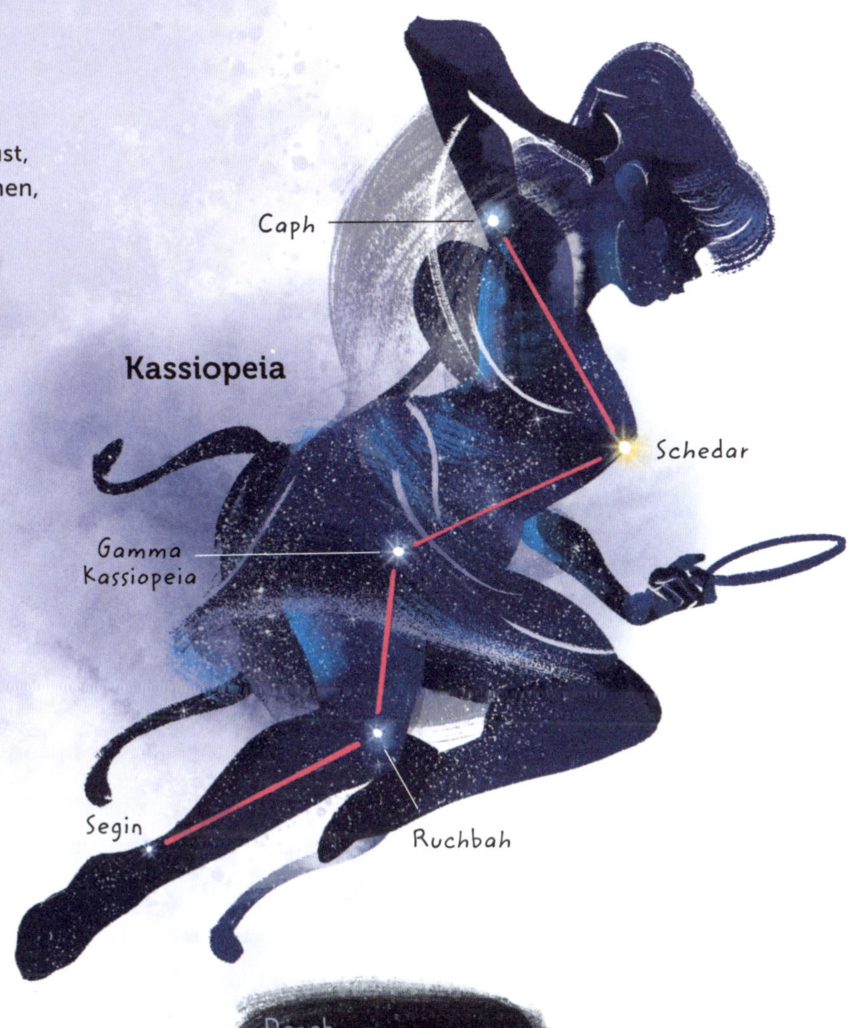


## Der Hantelnebel

Nicht alle Sterne, die du am Himmel siehst, sind gleich alt. Manche wurden gerade erst geboren, andere haben vielleicht schon die Mitte ihres langen Lebens von einigen Milliarden Jahren erreicht. Der *Hantelnebel*, oder *M27*, ist eine Wolke aus Gas und Staub, die ein Stern hinterlassen hat, der vor mindestens 3.000 Jahren starb.

Um ihn zu finden, suche in einer dunklen, sternenklaren Nacht zunächst nach dem Sternbild *Sommerdreieck* – drei helle Sterne, die vor allem in Sommernächten auf der Nordhalbkugel gut zu sehen sind: *Wega*, *Deneb* und *Altair*. Verbinde die drei in Gedanken mit drei Linien zu einem Dreieck, den Hantelnebel findest du im unteren Drittel auf der Strecke zwischen Altair und Deneb.

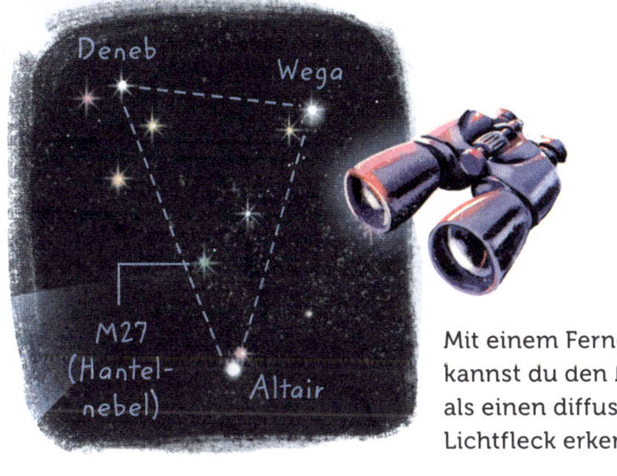


Mit einem Fernglas kannst du den Nebel als einen diffusen Lichtfleck erkennen.

Durch ein kleines Teleskop werden auch Farbe und Form sichtbar. Achte auf die hantelförmige Kontur, die dem Nebel seinen Namen verleiht.

Mit einem sehr leistungsstarken Teleskop wie dem *Hubble-Weltraumteleskop* oder einem 8-Zoll-Teleskop auf der Erde kann man den Hantelnebel in seiner ganzen Schönheit bewundern. Das eindrucksvolle Schauspiel ist mehr als 1.200 Lichtjahre von uns entfernt.

# Nahaufnahme von ORION

*In der griechischen Mythologie ist Orion ein furchtloser Jäger. Er prahlte vor den Göttern damit, dass er alle wilden Tiere auf der Erde töten könne.*

Sehen wir uns nun eins der auffälligsten Sternbilder des Winterhimmels auf der Nordhalbkugel einmal aus der Nähe an: Orion (der Jäger). Es hat viele faszinierende Details.

**Orion, der Himmelsjäger**

Meissa

Bellatrix

Thabit

Beteigeuze

## Beteigeuze

*Beteigeuze* ist der zweithellste Stern im Orion und markiert die rechte Schulter des Jägers. Beteigeuze, oder auch *Alpha Orionis*, ist ein *Roter Überriese*. Sein Durchmesser ist mindestens 760-mal größer als die Sonne. Astronom*innen sagen voraus, dass der massereiche Stern in einer gigantischen Supernova enden wird.

## Oriongürtel

Der Gürtel des Jägers wird von den drei hellen Sternen *Alnitak*, *Alnilam* und *Mintaka* gebildet. Alnitak und Mintaka sind genau genommen Mehrfachsterne, da sie aus mehr als zwei Sternen bestehen.

## Nahaufnahme des Orionnebels

Der Orionnebel ist eine riesige Sternenfabrik, in der neue Sterne heranwachsen. Er bietet genügend Gas und Staub für Tausende neuer Exemplare.

GÜRTEL DES ORION
Mintaka
Alnilam
Alnitak

DAS SCHWERT
42 Orionis
Orionnebel
Iota Orionis

Rigel

Saiph

## Das Schwert

Unterhalb des Oriongürtels verläuft eine kleine, fast senkrechte Linie aus drei leuchtenden Punkten, die das Schwert des Himmelsjägers darstellen.

## Rigel

*Rigel* ist der blauweiß leuchtende Stern, der Orions linkes Bein markiert. Er wird auch *Beta Orionis* genannt und ist mehr als 800 Lichtjahre von der Erde entfernt. Rigel hat 20-mal mehr Masse als die Sonne und produziert pro Sekunde 100.000-mal mehr Lichtenergie als diese.

## Der Orionnebel

In der Mitte des Schwerts befindet sich der legendäre *Orionnebel*. Beim Blick durch ein Fernglas erkennt man nur einen milchigen Fleck, aber leistungsstarke Teleskope enthüllen ihn als eine wunderschöne, in vielen Farben leuchtende Wolke aus Staub und Gas, mit einem Durchmesser von 30 bis 40 Lichtjahren.

# STERNBILDER

## DER SÜDLICHEN HEMISPHÄRE

Wenn du südlich des Äquators auf der Südhalbkugel lebst, befindest du dich in der südlichen Hemisphäre. Ein paar wunderschöne Sternbilder lassen sich von hier aus am besten beobachten. Lerne ein paar der Konstellationen kennen, die du am Südhimmel beobachten kannst:

**Skorpion**

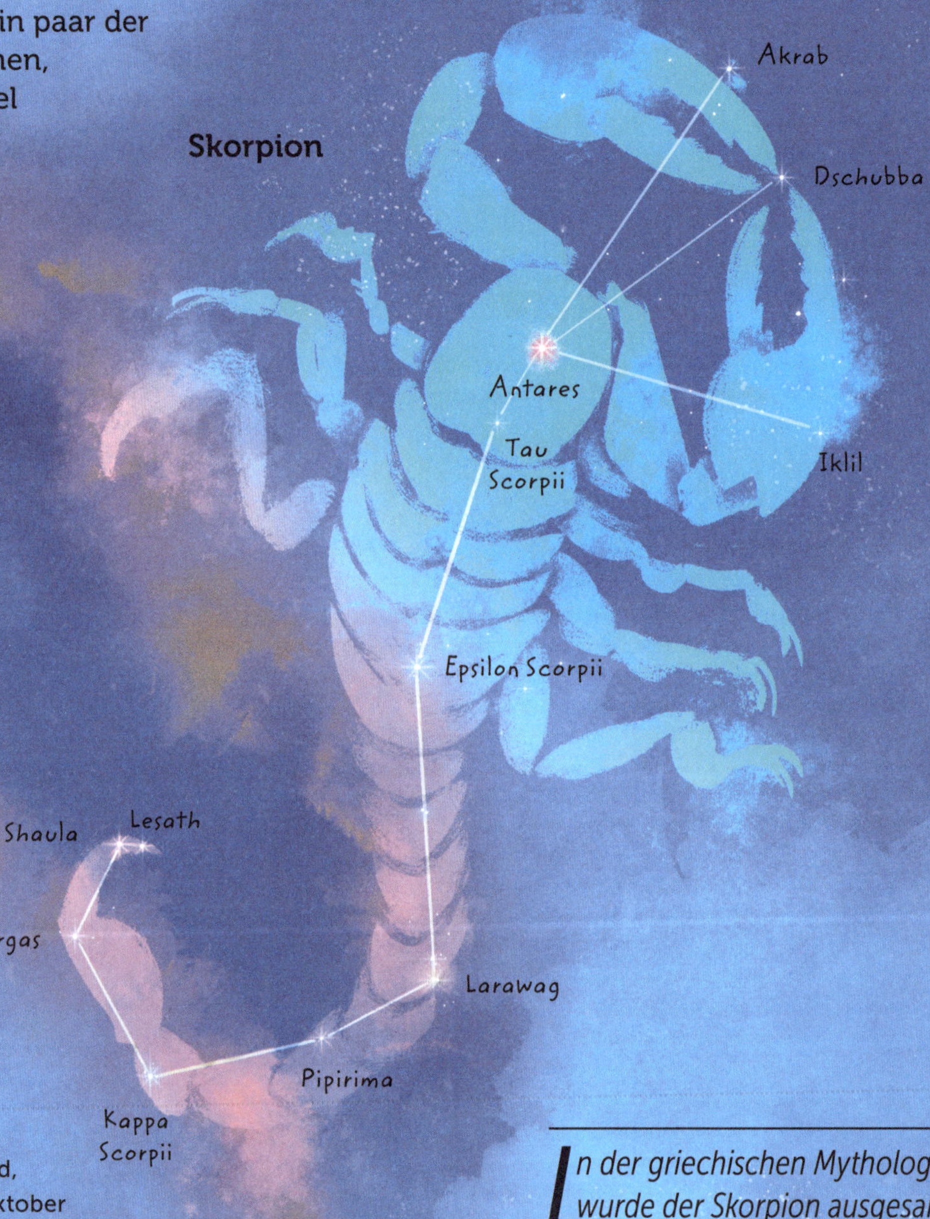

### Der Skorpion

Der *Skorpion* ist ein sehr großes und helles Sternbild, das zwischen März und Oktober am Südhimmel zu sehen ist. Es wird auch *Scorpius* genannt, das ist das lateinische Wort für Skorpion. Der hellste Stern im Sternbild Skorpion ist *Antares*, ein Roter Überriese. Er ist 400-mal größer als die Sonne.

*In der griechischen Mythologie wurde der Skorpion ausgesandt, um Orion als Strafe zu töten, nachdem dieser mit seiner Prahlerei und der Ermordung aller Tiere auf der Erde begonnen hatte.*

## Zentaur

Der *Zentaur* ist eins der größten Sternbilder des Nachthimmels. In der griechischen Mythologie sind Zentauren Mischwesen aus Pferd und Mensch. Besonders gut ist der Zentaur zwischen März und Mitte Juli am Südhimmel zu sehen. Zwei der Sterne in diesem Sternbild, *Alpha Centauri* und *Beta Centauri*, gehören zu den fünfzehn hellsten Sternen am Nachthimmel.

*Omega Centauri* ist eine Ansammlung von 10 Millionen funkelnden Sternen, die durch die Gravitationskräfte eines Kugelsternhaufens zusammengehalten werden. Der Kugelsternhaufen ist etwa 16.000 Lichtjahre von der Erde entfernt und besteht aus bis zu 12 Milliarden Jahre alten, dicht gepackten Sternen.

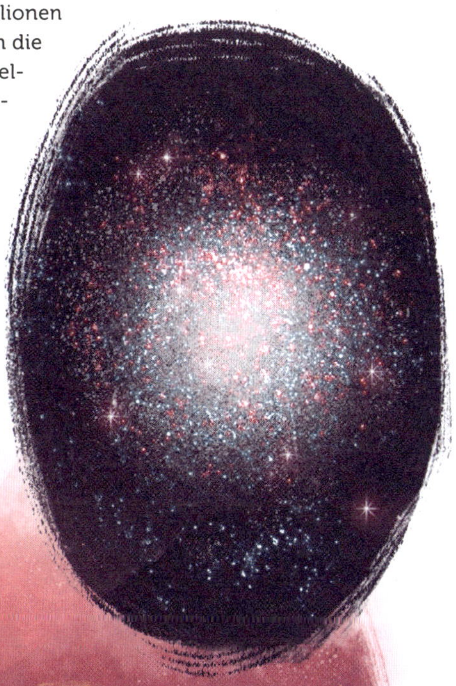

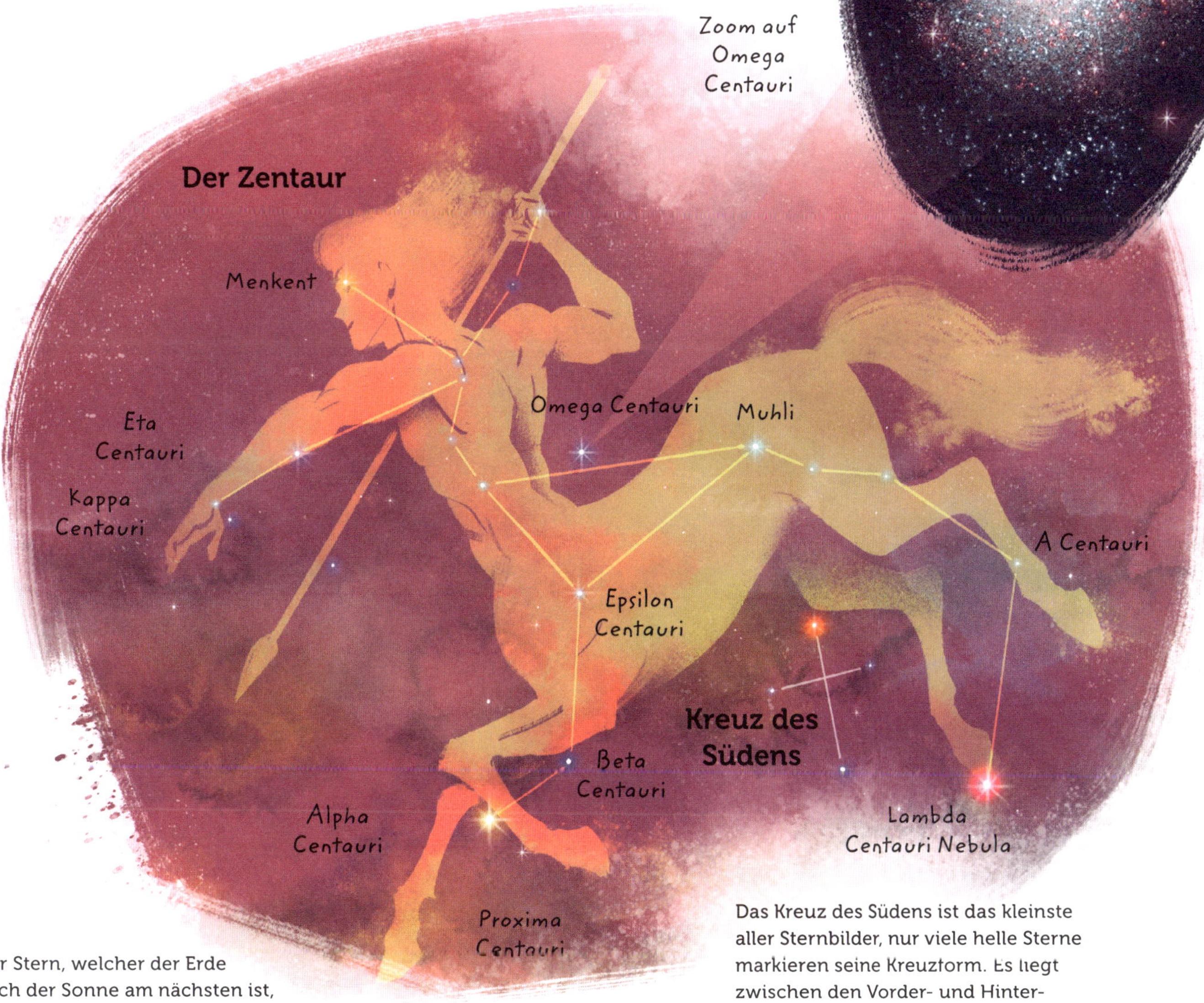

Der Stern, welcher der Erde nach der Sonne am nächsten ist, heißt *Proxima Centauri*. Er befindet sich zwischen den Vorderhufen des Sternbilds Zentaur.

Das Kreuz des Südens ist das kleinste aller Sternbilder, nur viele helle Sterne markieren seine Kreuzform. Es liegt zwischen den Vorder- und Hinterbeinen des Zentauren.

## Das Kreuz des Südens

Das Sternbild *Kreuz des Südens* ist von der südlichen Hemisphäre aus fast das ganze Jahr über gut sichtbar.

Es ist ein sehr bekanntes Sternbild und Teil der Nationalflaggen von Australien, Neuseeland, Brasilien und Samoa.

# Nahaufnahme vom KIEL DES SCHIFFS

Das *Kiel des Schiffs* oder *Carina* (lateinisch für *Schiffskiel*) ist ein Sternbild der Südhalbkugel. Es nimmt eine riesige Fläche ein und besteht aus neun Haupt- und 52 weiteren Sternen. Mitten hindurch verläuft das verschwommene Band der Milchstraße.

*Werfen wir einen näheren Blick auf einige der Highlights in diesem Sternbild.*

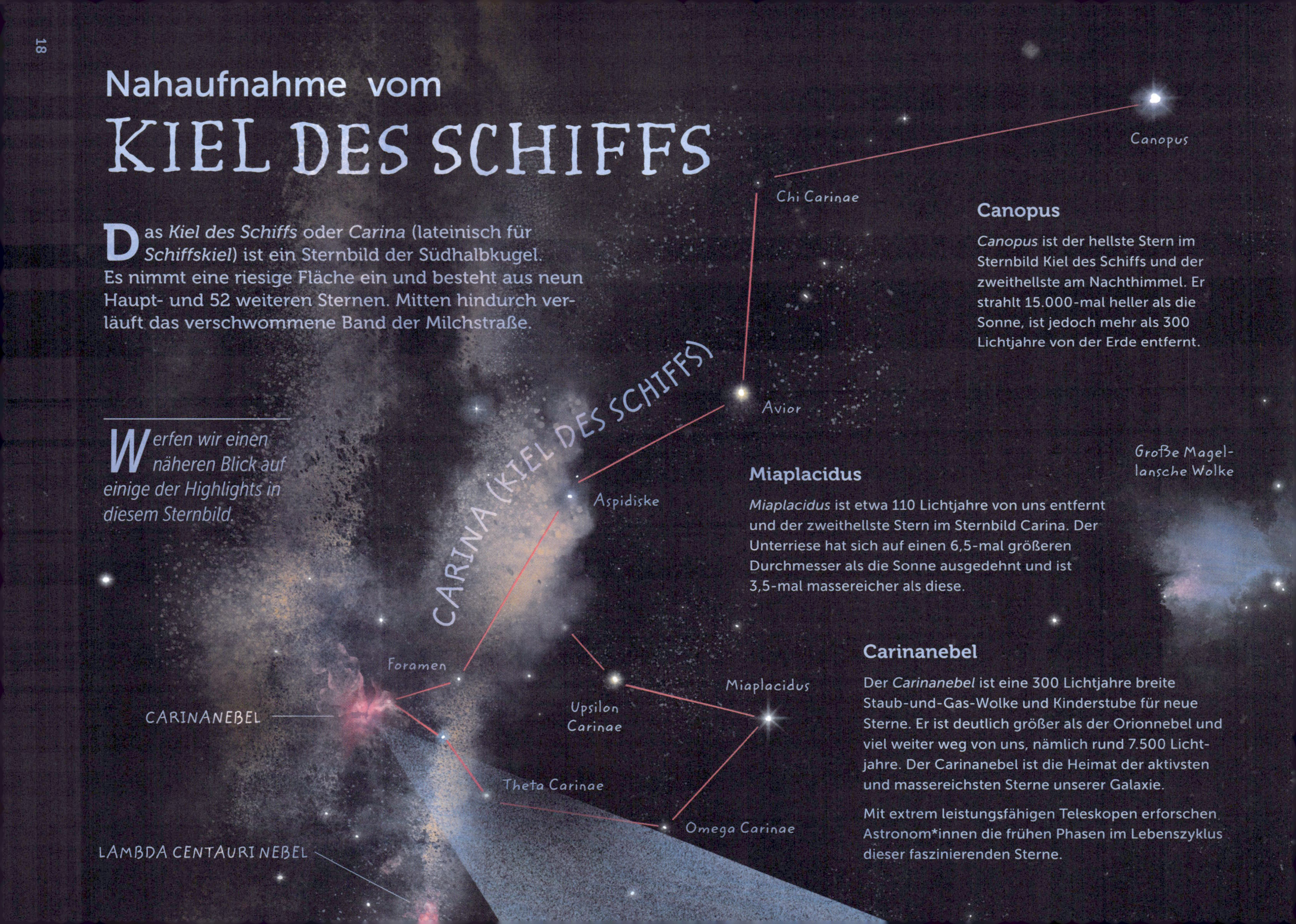

## Canopus

*Canopus* ist der hellste Stern im Sternbild Kiel des Schiffs und der zweithellste am Nachthimmel. Er strahlt 15.000-mal heller als die Sonne, ist jedoch mehr als 300 Lichtjahre von der Erde entfernt.

## Miaplacidus

*Miaplacidus* ist etwa 110 Lichtjahre von uns entfernt und der zweithellste Stern im Sternbild Carina. Der Unterriese hat sich auf einen 6,5-mal größeren Durchmesser als die Sonne ausgedehnt und ist 3,5-mal massereicher als diese.

## Carinanebel

Der *Carinanebel* ist eine 300 Lichtjahre breite Staub-und-Gas-Wolke und Kinderstube für neue Sterne. Er ist deutlich größer als der Orionnebel und viel weiter weg von uns, nämlich rund 7.500 Lichtjahre. Der Carinanebel ist die Heimat der aktivsten und massereichsten Sterne unserer Galaxie.

Mit extrem leistungsfähigen Teleskopen erforschen Astronom*innen die frühen Phasen im Lebenszyklus dieser faszinierenden Sterne.

## Eta Carinae

*Eta Carinae* ist ein sehr massereiches System, das aus mindestens zwei Sternen besteht und etwa 7.500 Lichtjahre von der Erde entfernt ist. Verglichen mit der Sonne ist Eta Carinae 5 Millionen Mal leuchtstärker und mindestens 150-mal massereicher. Astronom*innen sagen voraus, dass Eta Carinae innerhalb von 3 Millionen Jahren in einer gewaltigen Supernova-Explosion untergehen wird.

## Astronomie-Fibel:

# Der LEBENSZYKLUS von STERNEN

**Kein Stern lebt ewig. Sie alle haben einen Lebenszyklus, der von der Geburt bis zum Tod Millionen, Milliarden oder sogar Billionen von Jahren umfassen kann.**

Sterne leuchten mithilfe der Energie, die sie in ihrem Kern durch Kernfusionsreaktionen erzeugen. Die wichtigste Reaktion ist die Umwandlung von Wasserstoff in Helium. Dabei wird eine enorme Menge an Energie freigesetzt.

Sterne leben, solange sie über ausreichend Brennstoff verfügen, der die nuklearen Fusionsprozesse in ihrem Inneren am Laufen erhält und sie damit zum Leuchten bringt. Ist der Brennstoff aufgebraucht, sterben sie. Sterbende Sterne fallen in sich zusammen und werden durch die Schwerkraft verdichtet.

Sterne wie unsere Sonne zählen zu den massearmen Sternen. Sie ist etwa 4,6 Milliarden Jahre alt und hat noch Brennstoff für 5 Milliarden weitere. Ist der Vorrat aufgebraucht, werden ihre äußeren Schichten anschwellen und sie zu einem Roten Riesen aufblähen.

*Wie ein Stern lebt und stirbt, hängt hauptsächlich davon ab, wie massereich oder -arm er bei seiner Geburt in einem Nebel war.*

Schließlich wird es so heiß, dass ihre äußeren Hüllen abgestoßen werden und sich in einen wunderschönen planetarischen Nebel verwandeln. Was dann von der Sonne noch übrig ist, wird zu einem sogenannten *Weißen Zwerg* von der Größe unserer Erde verdichtet. Der tote Stern kühlt über weitere Milliarden Jahre ab, bis er schließlich keine Wärme und kein Licht mehr abstrahlt und zu einem *Schwarzen Zwerg* verblasst.

Sterne, die über ein Vielfaches mehr an Masse als unsere Sonne verfügen, heißen *Schwergewichtige Sterne* oder *Überriesen*. Sie leben kürzer und beenden ihr Dasein nach einer Million Jahre heftig und energiegeladen.

Ist der Kernfusionsbrennstoff eines Überriesen aufgebraucht, endet er in einer gigantischen *Supernova-Explosion*. Die äußeren Schichten des Sterns werden ins All geschleudert und die Schwerkraft zermalmt den übrig gebliebenen Kern. Zurück bleibt ein dicht gepackter Neutronenstern von nur 10 Kilometern Durchmesser. In den meisten Fällen werden die Überreste jedoch von der eigenen Schwerkraft des Sterns verschluckt und ein Schwarzes Loch entsteht.

*Nichts entkommt einem Schwarzen Loch, noch nicht einmal Licht!*

# ENTDECKE die PLANETEN

Die Planeten sind wahre Wunder! Je nach Jahreszeit kannst du beobachten, wie die fünf hellsten – *Merkur, Venus, Mars, Jupiter* und *Saturn* – über den Nachthimmel wandern.

*Orientiere dich an den Tierkreiszeichen und nutze mobile Apps, um zu erfahren, wann und wo bestimmte Planeten zu sehen sind.*

Krebs

1. Februar

1. Dezember

1. Januar

1. Mai

Löwe

BEWEGUNGEN VOM MARS

1. Juni

## Erforsche die Planetenwanderung

Wenn du den Nachthimmel über einen längeren Zeitraum hinweg beobachtest, wird dir auffallen, dass Sterne ihre Position zueinander nicht verändern, ganz so, als hätte jemand sie an den schwarzen Himmel getupft. Die Planeten hingegen wandern und verändern ihre Position. Im Lauf des Jahres erscheinen sie in verschiedenen Sternbildern.

## Warum das so ist:

Das Phänomen der im Unterschied zu den fixen Sternen wandernden Planeten ist eine optische Illusion. Die Erde und alle anderen Planeten bewegen sich auf ihren Umlaufbahnen, sodass sich die Position der Planeten von der Erde aus gesehen mit den sehr weit entfernten Sternen im Hintergrund im Lauf der Monate ändert.

## Erforsche das Funkeln

Im Gegensatz zu den funkelnden Sternen scheint das Leuchten der Planeten durchgehend und stabil.

## Warum das so ist:

Die Planeten sind sehr viel näher an der Erde als die Sterne – allein Proxima Centauri ist etwa 180.000-mal weiter von uns entfernt als der Mars! Durch Luftströmungen in der Erdatmosphäre werden die Lichtstrahlen immer wieder abgelenkt, sodass die stecknadelgroßen Pünktchen zu funkeln scheinen.

Das Licht der uns näheren Planeten erscheint als kleine Scheiben am Himmel. Der breitere Lichtstrahl der Scheiben wirkt stabiler.

# PLANETEN im Spotlight

Hier kommen die Hauptmerkmale der fünf hellsten Planeten. Denke dran: Ein Fernglas oder ein kleines Teleskop kann weitere Details eines Planeten erkennbar machen, wie etwa seine Farbe, seine Monde oder seine Ringe.

## Jupiter

***Jupiter***, der König der Planeten, eignet sich fantastisch zur Erkundung. Mit einem kleinen Teleskop kannst du viele seiner Wunder bestaunen.

Du erkennst Jupiter an den markanten Streifen, die seine Oberfläche umgeben – das sind die breiten Wolkenbänder in seiner äußerst aktiven Atmosphäre. Durch ein sehr großes Teleskop kannst du sogar seinen *Großen Roten Fleck* sehen, einen gigantischen Wirbelsturm, der schon seit über 300 Jahren tobt!

Findest du die winzigen hellen Lichtpünktchen neben dem Jupiter, die aussehen wie Sterne? Das sind seine vier größten Monde: *Io*, *Europa*, *Ganymed* und *Kallisto*. Wenn du die Monde mehrere Nächte lang beobachtest, wirst du sehen, wie sie ihre Position verändern, während sie den gigantischen Planeten umkreisen.

Jupiters Monde in der Umlaufbahn

Io

Europa Ganymed

Kallisto

## Merkur

***Merkur*** ist der innerste Planet im Sonnensystem und daher nie weit von der Sonne entfernt.

Oberfläche des Merkurs

Blicke zum Merkur zum Schutz deiner Augen immer nur kurz nach Sonnenuntergang (im Westen) oder kurz vor Sonnenaufgang (im Osten). Er sieht aus wie ein schwacher Stern und ist schwer zu erkennen. Sein Durchmesser beträgt nur 4.879 Kilometer, die Erde misst 12.756 Kilometer.

## Saturn

Mit großen Teleskopen lassen sich die größten Lücken zwischen den Ringen und Details von *Titan*, dem massigsten Mond des Saturn, erkennen.

Titan

Ringe des Saturn

Ein unvergessliches Erlebnis ist der Blick auf den ***Saturn***. Er hat eine blassgoldene Farbe und seine eindrucksvollen Ringe sind schon durch ein kleines Teleskop sichtbar.

Während sich der Saturn in seiner Bahn bewegt, ändert sich der Blickwinkel, den wir von der Erde aus auf seine Ringe haben. Alle 15 Jahre blicken wir genau auf ihre Kante (dann sind sie kaum zu sehen). Nimmt er die maximale Neigung ein, präsentieren sie sich dagegen in voller Pracht. Je näher die Ringe der Erde zugeneigt sind, desto heller erscheint uns der Planet. Von einem Ende zum anderen gemessen, könnten die Hauptringe die Strecke zwischen Erde und Mond füllen.

## Venus

Ähnlich wie beim Mond können wir auch bei der Venus verschiedene Phasen beobachten, wie *Halbvenus*, *zunehmende* oder *abnehmende Venus*, je nachdem, wo Venus und Erde sich auf ihrer Umlaufbahn um die Sonne befinden. Die Venusphasen sind mit einem kleinen Teleskop leicht zu erkennen.

Die ***Venus*** ist der hellste Planet am Nachthimmel. Weil sie so sehr strahlt, wurde sie sogar schon als Ufo-Sichtung gemeldet!

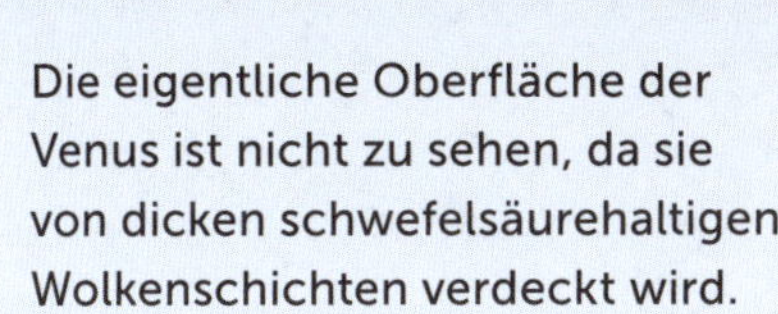

Die eigentliche Oberfläche der Venus ist nicht zu sehen, da sie von dicken schwefelsäurehaltigen Wolkenschichten verdeckt wird.

## Mars

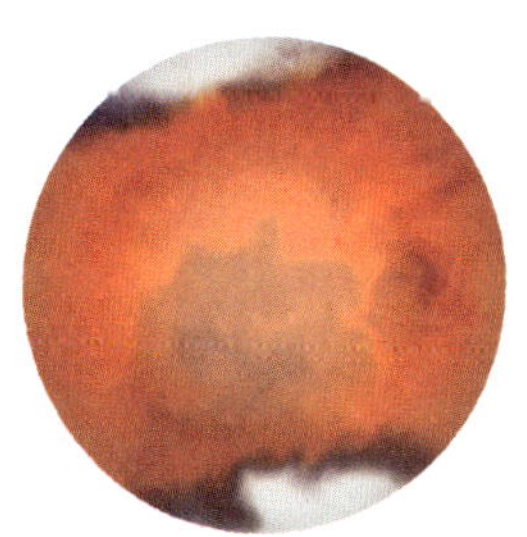

Schon mit einem 7-Millimeter-Teleskop kannst du die weißen eisbedeckten Polkappen des Mars betrachten. Um die beiden kleinen Monde *Phobos* und *Deimos* zu finden, brauchst du aber ein sehr viel größeres.

Wegen seiner wilden rotorangen Farbe wurde der ***Mars*** nach dem römischen Gott des Krieges benannt. Die wunderschöne Farbe stammt von verrostetem Eisen, das die Oberfläche als Staub bedeckt.

# Astronomie-Fibel:

# Eine Reise durch das SONNENSYSTEM

Das *Sonnensystem* entstand vor etwa 4,6 Milliarden Jahren aus einer gigantischen Wolke mit Wirbeln aus Gas und Staub. Es besteht aus einem Stern (der Sonne), acht Planeten, mindestens fünf Zwergplaneten, über 200 Monden und Milliarden von kleinen Objekten wie Kometen und Asteroiden.

Die Planeten des äußeren Sonnensystems sind die vier großen *Gasriesen*: Jupiter, Saturn, Uranus und Neptun. Allein unsere Erde würde 1.300-mal in den Jupiter passen! Die Gasriesen bestehen vor allem aus Wasserstoff und Helium und haben keine feste Oberfläche.

NEPTUN

URANUS

SATURN

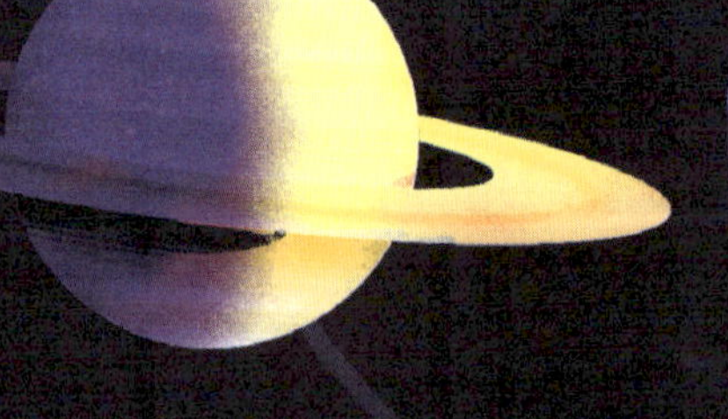

JUPITER

Alle vier Gasriesen besitzen ein Ringsystem, wobei die Ringe des Saturn bei Weitem die größten und hellsten sind. Jene um Jupiter, Uranus und Neptun sind dunkel und lichtschwach. Für die Entdeckung dieser kleineren Ringsysteme war der Einsatz von Observatorien und Raumschiffen nötig.

Bei den Gesteinsplaneten hat der Mars zwei Monde und die Erde einen. Die Gasplaneten hingegen haben mindestens 200 Monde! Einer der 79 bekannten Monde des Jupiters, Ganymed, ist größer als der Planet Merkur.

*Soweit wir wissen, ist die Erde der einzige Planet, auf dem Leben existiert. Forscher gehen davon aus, dass fast 9 Millionen verschiedene Arten von Lebewesen auf ihr wohnen.*

Es gibt vier *Gesteins-* oder *erdähnliche Planeten*. Gemessen an der Entfernung zur Sonne treten sie in der folgenden Reihenfolge auf: Merkur, Venus, Erde und Mars. Sie haben eine feste Oberfläche, bestehen hauptsächlich aus Gestein und besitzen in der Regel einen metallischen Kern.

Zwischen Mars und Jupiter befindet sich der *Asteroidengürtel*, das ist ein Bereich, in dem Milliarden von Asteroiden kreisen. Schätzungsweise gibt es dort über eine Million Asteroiden, die größer als ein Kilometer sind. Würde man das gesamte Material, das im Asteroidengürtel kreist, zusammensammeln, ergäbe das eine Welt, die fast so groß wäre wie der Erdmond.

Astronom*innen haben mehr als 4.000 Planeten entdeckt, die andere Sterne umkreisen. Diese werden *Exoplaneten* genannt. Einige bestehen aus Gas, andere aus flüssiger Lava und manche sind in Größe und Temperatur der Erde sehr ähnlich. Sie könnten sogar flüssiges Wasser auf ihrer Oberfläche beherbergen.

# Die MONDPHASEN

Eins der am besten sichtbaren Himmelsphänomene sind die wechselnden Phasen des Mondes. Jeden Monat durchläuft er einen kompletten Zyklus. Jede der acht Phasen hängt davon ab, wie viel wir gerade von der Erde aus von der beleuchteten Seite des Mondes sehen können.

### Neumond

Der Mondphasenzyklus beginnt mit dem *Neumond*, wenn gar kein Sonnenlicht auf die der Erde zugewandte Seite des Mondes fällt, sodass er im Dunkeln liegt und für uns unsichtbar ist.

### Zunehmende Sichel

Wir sehen jetzt jede Nacht ein bisschen mehr vom Mond, da immer mehr Sonnenlicht auf die uns zugewandte Seite fällt. Eine wachsende Sichelform erscheint.

### Erstes Viertel

In die Phase des *zunehmenden Halbmonds* tritt der Mond etwa eine Woche nach Neumond ein. Er befindet sich jetzt im ersten Viertel der Mondphasen und seine rechte Hälfte ist sichtbar.

### Dreiviertelmond

In dieser Phase des zunehmenden Mondes sind etwa drei Viertel zu sehen.

### Warum das so ist:

Im Gegensatz zur Sonne hat der Mond kein eigenes Licht. Was da leuchtet, ist das Sonnenlicht, das von seiner Oberfläche reflektiert wird. Während der Mond die Erde umkreist, wird er von der Sonne aus unterschiedlichen Winkeln angestrahlt. Dadurch haben wir den Eindruck, dass er seine Form verändert. In Wirklichkeit wechselt nicht das Aussehen des Mondes, sondern nur unser Blick auf ihn.

*Auf der Südhalbkugel sieht man die Mondphasen in umgekehrter Reihenfolge zur Nordhalbkugel.*

## Vollmond

Etwa zwei Wochen nach Neumond scheint die Sonne direkt auf den Mond und wir sehen die gesamte Tagseite. In dieser Phase scheint er am hellsten.

## Abnehmender Mond

Nach dem Vollmond wird der von der Sonne beschienene Teil des Mondes immer kleiner. Das rechte Viertel ist nicht mehr sichtbar.

## Drittes Viertel

Wie beim Dreiviertelmond ist jetzt eine Hälfte der uns zugewandten Seite sichtbar. Drei Viertel der Mondphasen sind vergangen.

## Abnehmende Sichel

Der Mond erscheint wieder wie eine dünne Sichel, da der uns zugewandte sonnenbeschienene Teil sehr schmal ist.

ERDE

## Mondzyklus

Etwa 29,5 Tage nach Neumond befinden wir uns wieder in „Startphase“ und schauen auf die unbeleuchtete Hälfte des Mondes. Ein neuer Zyklus beginnt, wenn er seine nächste Umlaufbahn um die Erde startet.

# Die MOND-OBERFLÄCHE

Die Mondoberfläche lässt sich ganz großartig mit einem Fernglas oder kleinen Teleskop erforschen. Es gibt dort einige interessante Dinge zu sehen, wie etwa schroffe Gebirge, große Flächen erstarrter Lava und tiefe Krater.

## Erforsche die Maria

Die dunklen Flecken auf der Mondoberfläche sind *Mondmeere* oder *Maria* (*Mare* im Singular), das ist Lateinisch für „Meer". Früher dachte man, die dunklen Flecken wären vergleichbar mit unseren Ozeanen auf der Erde, aber in Wirklichkeit sind es keine richtigen Meere mit Wasser.

## Warum das so ist:

Die Mondmeere sind flache Landebenen, bedeckt mit dunkler, uralter Lava, die vor 3 Milliarden Jahren in die Becken gelangte. Die heiße Lava quoll aus dem Mondinneren hervor, floss in die großen Becken auf seiner Oberfläche, füllte sie und kühlte ab.

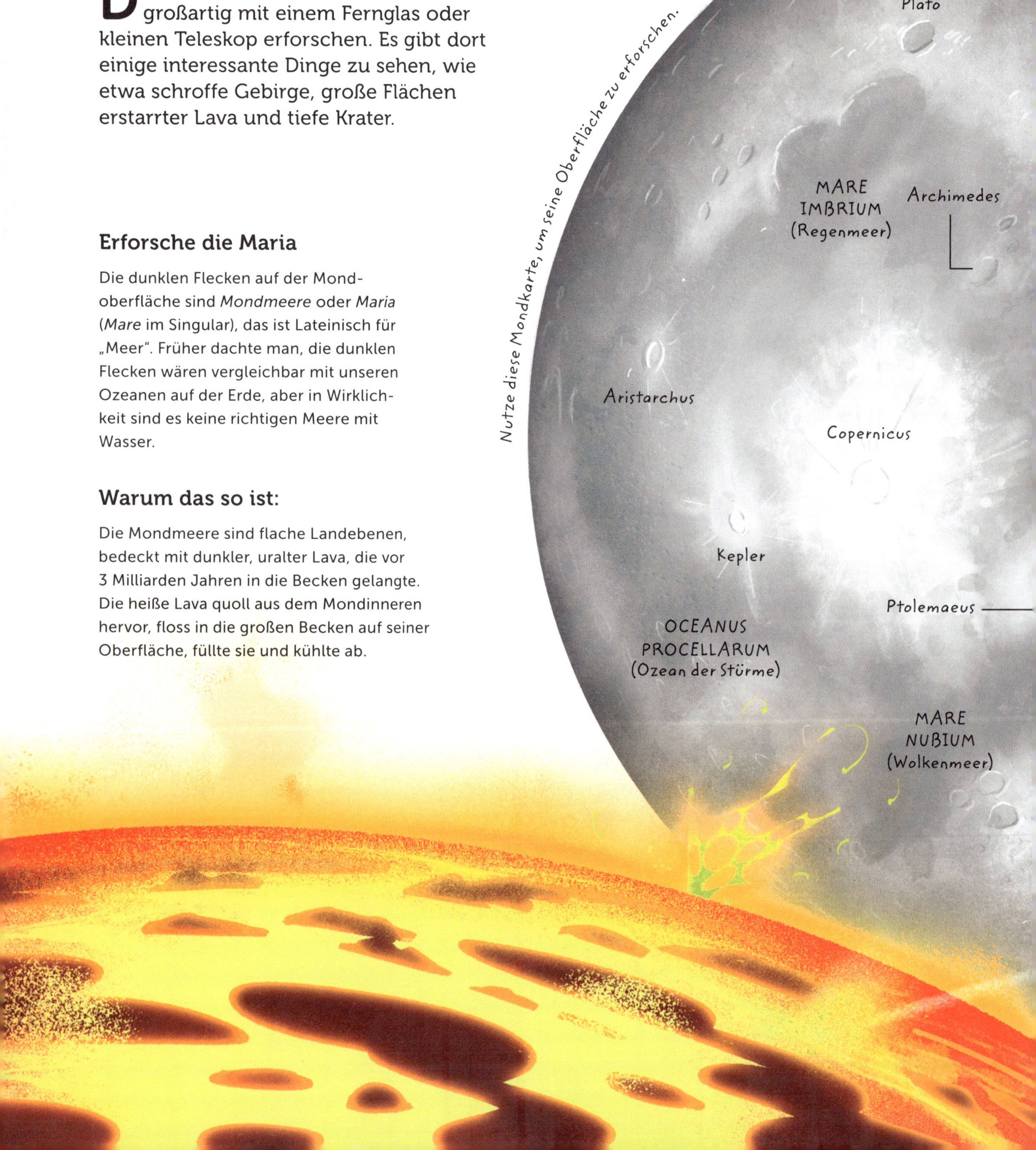

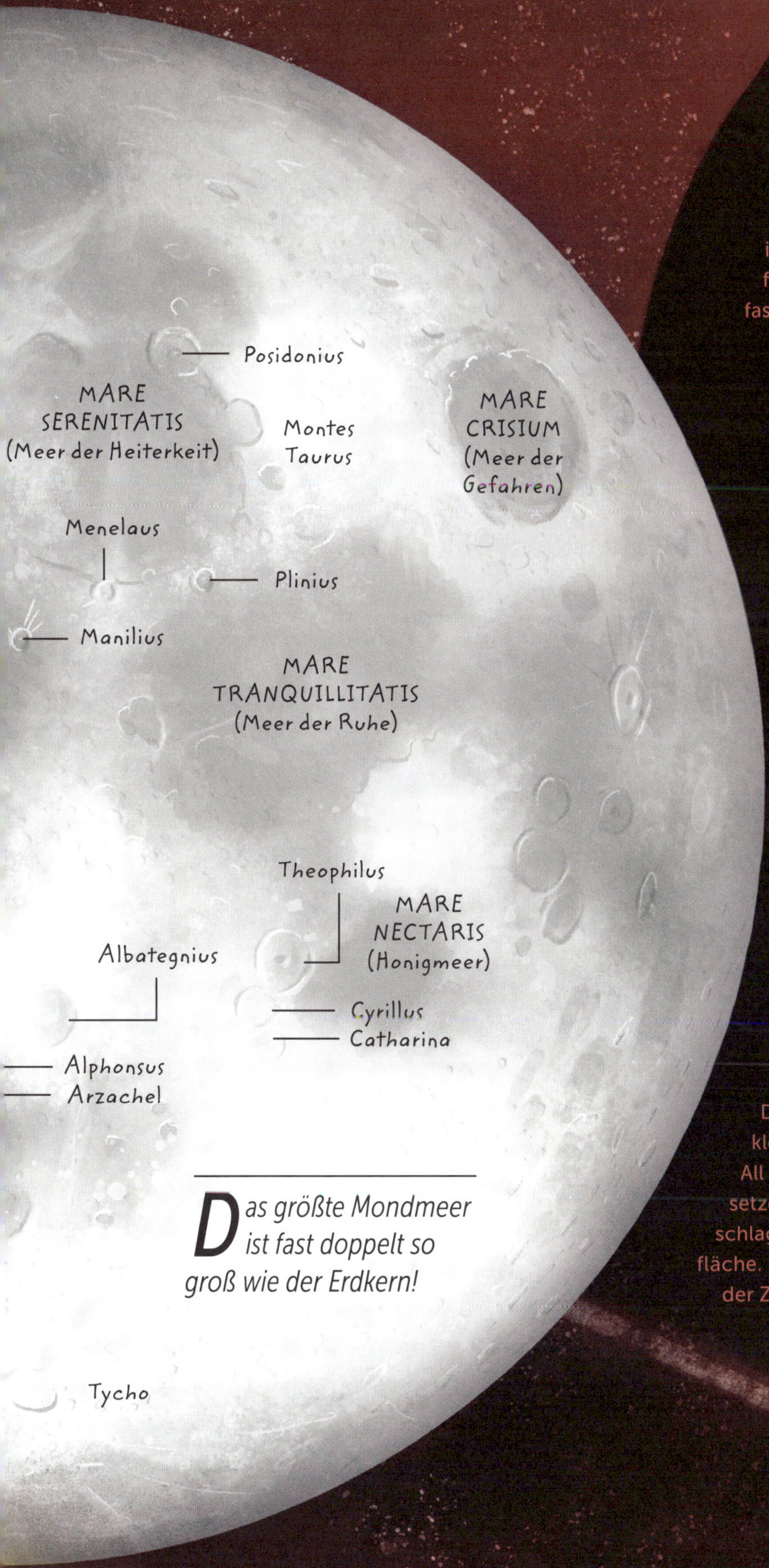

MARE SERENITATIS (Meer der Heiterkeit)

Posidonius

Montes Taurus

MARE CRISIUM (Meer der Gefahren)

Menelaus

Plinius

Manilius

MARE TRANQUILLITATIS (Meer der Ruhe)

Theophilus

MARE NECTARIS (Honigmeer)

Albategnius

Cyrillus

Catharina

Alphonsus

Arzachel

*Das größte Mondmeer ist fast doppelt so groß wie der Erdkern!*

Tycho

## Erforsche die Krater

Mit dieser Karte und einem Fernglas oder Teleskop kannst du die imposanten Krater auf dem Mond erforschen. *Tycho* ist der tiefste, er ragt fast 5 Kilometer ins Mondinnere hinein.

Bei Halbmond ist der günstigste Zeitpunkt, um die Mondkrater zu erforschen. Sieh dir die Trennlinie an, die den hellen vom dunklen Teil trennt. Diese Linie heißt *Terminator.* Krater in seiner Nähe sind im Teleskop gut zu erkennen, da sie starke Schatten werfen.

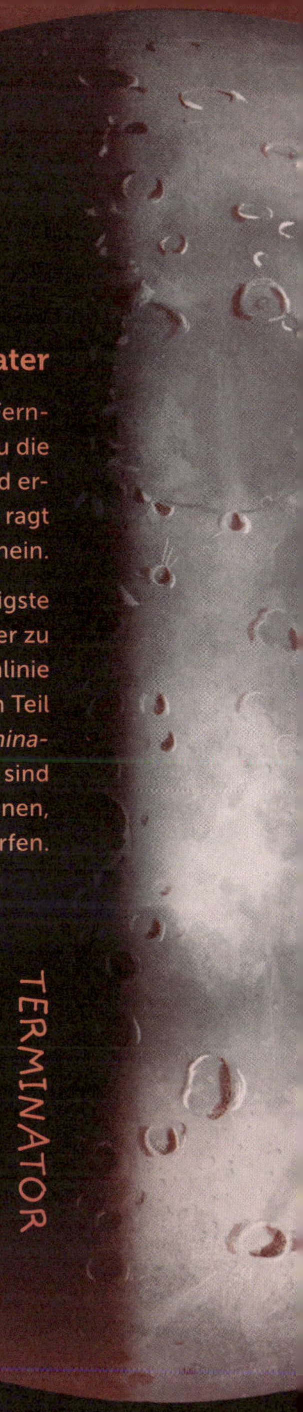

TERMINATOR

## Warum das so ist:

Die Krater auf dem Mond entstehen, wenn kleinere Objekte wie Meteoriten, die durchs All rasen, mit ihm kollidieren. Bei ihrem Aufprall setzen sie sehr viel Energie und Wärme frei und schlagen tiefe, kreisrunde Senken in die Mondoberfläche. Die meisten Einschlagskrater stammen aus der Zeit der Planetenbildung vor circa 3,8 Milliarden Jahren. Damals flogen viele Gesteinsbrocken, die bei der Planetenbildung übrig geblieben waren, frei im Weltraum umher.

# MONDLANDESTELLEN

Hast du dir schon einmal vorgestellt, wie es wohl wäre, den Mond zu betreten? Die Astronauten der *Apollo*-Missionen reisten zwischen Juli 1969 und Dezember 1972 ganze 6-mal dorthin.

Die Apollo-Landegebiete auf dem Mond kannst du erforschen. Tu dies am besten bei Vollmond oder bei fast vollem Mond. Ein Teleskop mit 10-Millimeter-Öffnung oder mehr bietet dir einen tollen Blick auf die Landeplätze, aber auch mit bloßem Auge sind sie zu erkennen.

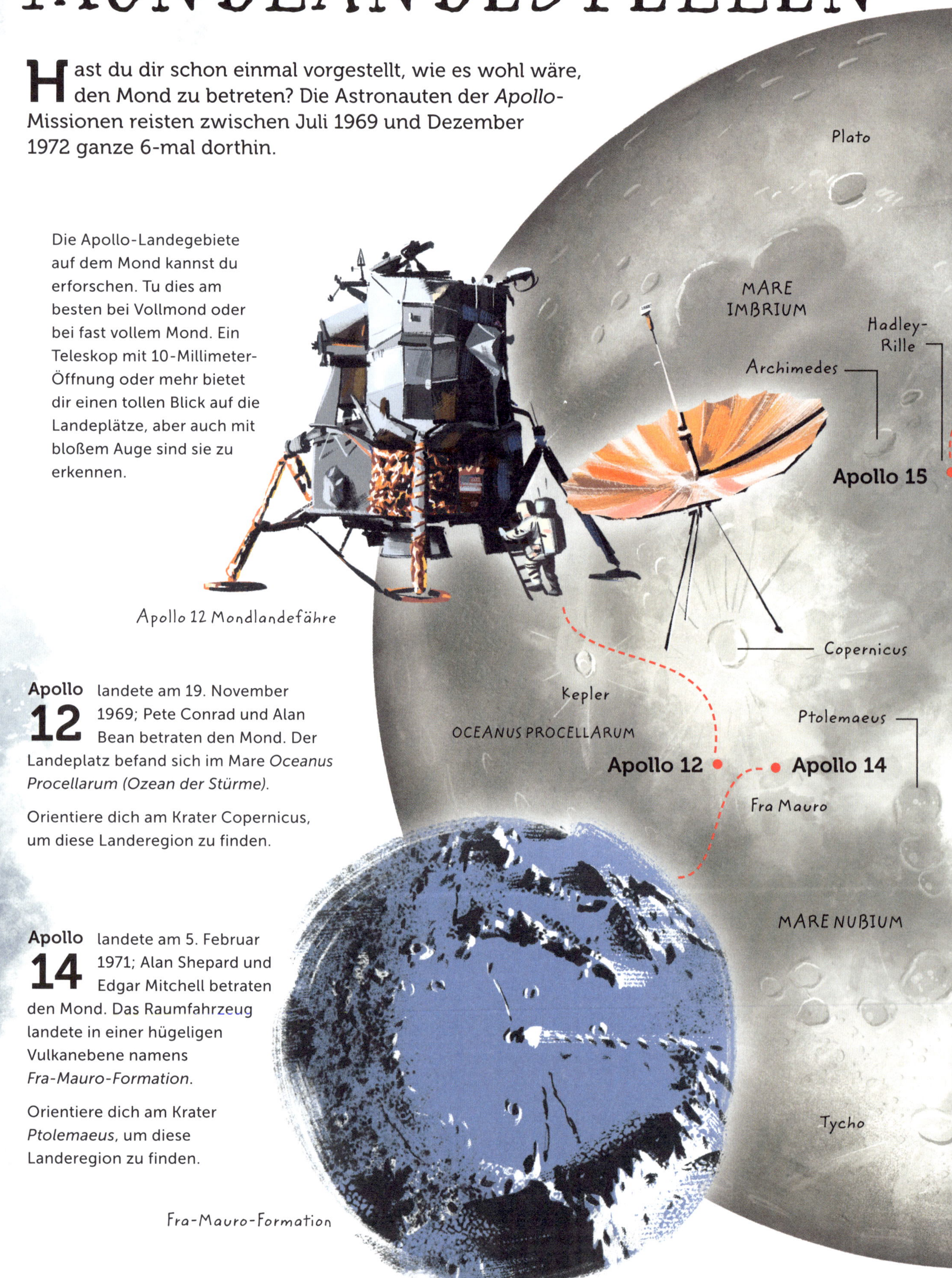


Apollo 12 Mondlandefähre

**Apollo 12** landete am 19. November 1969; Pete Conrad und Alan Bean betraten den Mond. Der Landeplatz befand sich im Mare *Oceanus Procellarum (Ozean der Stürme)*.

Orientiere dich am Krater Copernicus, um diese Landeregion zu finden.

**Apollo 14** landete am 5. Februar 1971; Alan Shepard und Edgar Mitchell betraten den Mond. Das Raumfahrzeug landete in einer hügeligen Vulkanebene namens *Fra-Mauro-Formation*.

Orientiere dich am Krater *Ptolemaeus*, um diese Landeregion zu finden.

Fra-Mauro-Formation

**Apollo 15** landete am 30. Juli 1971; David Scott und James Irvin betraten den Mond nahe der *Hadley-Rille*. Bei dieser Apollo-Mission kam zum ersten Mal ein sogenannter Rover, ein Mondauto, zum Einsatz, mit dem sie eine kurze Strecke fuhren.

Orientiere dich am Krater *Archimedes*, um das Landegebiet zu finden.

**Apollo 17** landete am 11. Dezember 1972; Eugene Cernan und Harrison Schmitt betraten den Mond und reisten ins *Taurus-Littrow-Tal*.

Orientiere dich am Krater *Posidonius*, um den Landeplatz zu finden.

**Apollo 11** landete am 20. Juli 1969; Neil Armstrong und Buzz Aldrin betraten als erste Menschen den Mond. Landegebiet war das *Mare Tranquillitatis (Meer der Ruhe)*.

Orientiere dich am Krater *Theophilus*, um den genauen Ort, an dem sie standen, besser zu finden.

**Apollo 16** landete am 21. April 1972; John Young und Charles Duke betraten den Mond. Es war die erste Mission, die im *Descartes-Hochland* landete.

Orientiere dich am Krater *Theophilus*, um den Landeplatz zu finden.

SONNE

# MONDFINSTERNIS

Eine Mondfinsternis ist ein außergewöhnliches astronomisches Ereignis und leicht zu beobachten. Alles, was du brauchst, sind deine Augen und eine klare Nacht. Eine Mondfinsternis tritt bei Vollmond ein, wenn Sonne, Erde und Mond genau auf einer Linie stehen. Es gibt drei Arten von Mondfinsternissen, je nachdem, wie viel Schatten die Erde auf den Mond wirft.

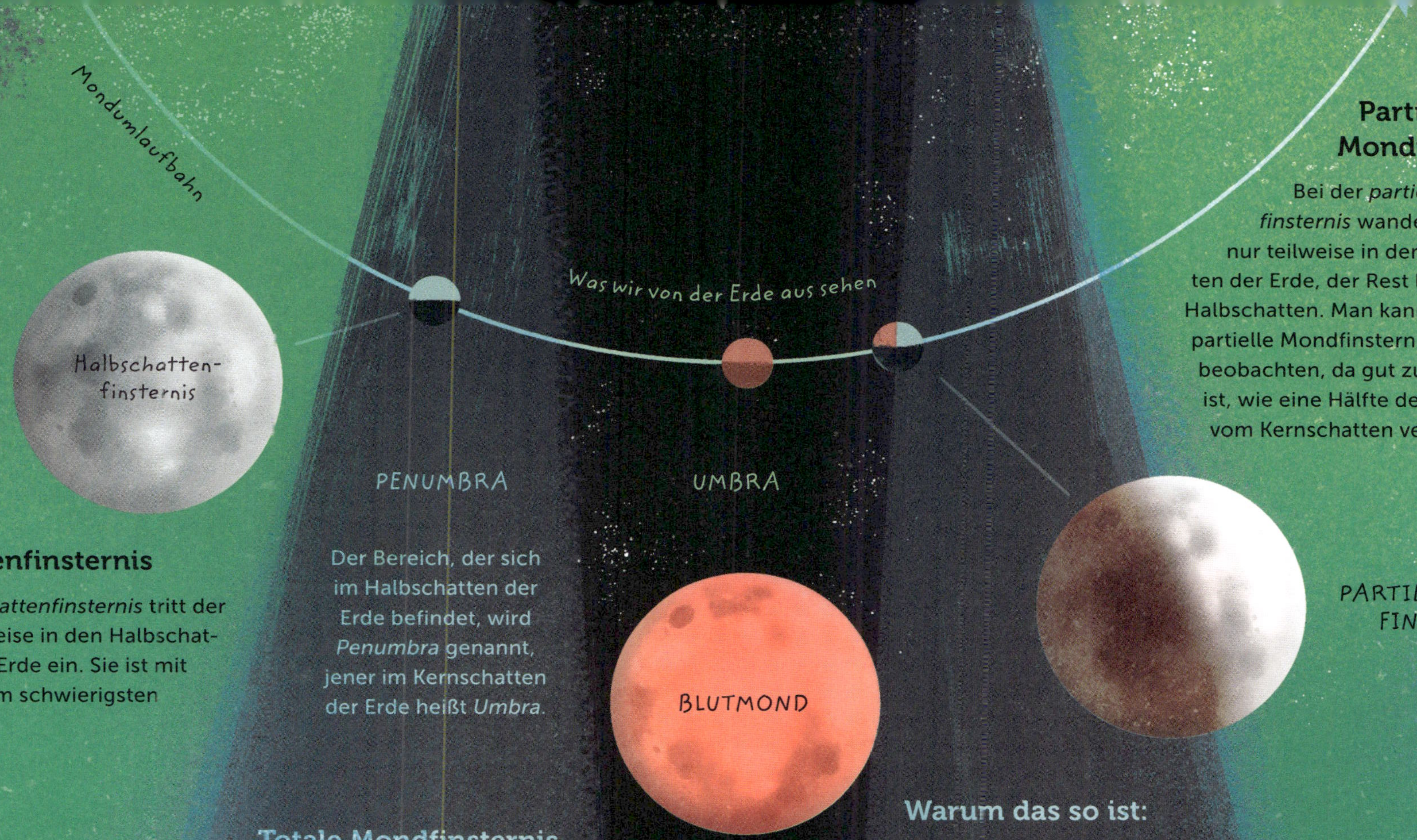

Mondumlaufbahn

Was wir von der Erde aus sehen

Halbschatten-finsternis

## Halbschattenfinsternis

Bei der *Halbschattenfinsternis* tritt der Mond nur teilweise in den Halbschattenbereich der Erde ein. Sie ist mit bloßem Auge am schwierigsten zu beobachten.

PENUMBRA

Der Bereich, der sich im Halbschatten der Erde befindet, wird *Penumbra* genannt, jener im Kernschatten der Erde heißt *Umbra*.

UMBRA

BLUTMOND

## Totale Mondfinsternis

Bei einer *totalen Mondfinsternis* verschwindet der Vollmond komplett im Schatten der Erde. Die Phase der totalen Verdunkelung, also wenn der Mond gar nicht zu sehen ist, kann bis zu zwei Stunden dauern. Die Finsternisse finden etwa alle drei Jahre 2-mal statt. Eine totale Mondfinsternis wird auch *Blutmond* genannt, weil der Mond dabei häufig dunkelrot, braun oder orange schimmert.

## Partielle Mondfinsternis

Bei der *partiellen Mondfinsternis* wandert der Mond nur teilweise in den Kernschatten der Erde, der Rest liegt im Halbschatten. Man kann eine partielle Mondfinsternis wunderbar beobachten, da gut zu erkennen ist, wie eine Hälfte des Vollmonds vom Kernschatten verdeckt wird.

PARTIELLE MONDFINSTERNIS

## Warum das so ist:

Die schöne rote Färbung entsteht durch die Art, wie das Sonnenlicht die Erdatmosphäre durchdringt: Trifft es auf unsere Atmosphäre, werden kürzere Wellenlängen des Lichts, wie zum Beispiel blaue, nach außen gestreut. Längere Wellenlängen, etwa rote, werden in den Schattenbereich der Erde gelenkt. Trifft dieses Licht während einer totalen Mondfinsternis auf die Mondoberfläche, sehen wir die blutrote Reflexion, ähnlich wie der Himmel bei Sonnenauf- und -untergang rot erscheint.

Astronomie-Fibel:

# URSPRÜNGE und EIGENSCHAFTEN des MONDES

Der Mond entstand vor rund 4,5 Milliarden Jahren, etwa zur gleichen Zeit wie die Erde. Astronom*innen nehmen an, dass ein Gesteinskörper von der Größe des Mars mit der Erde zusammenstieß und bei diesem Aufprall riesige Mengen abgeschlagenes Material beider Körper ins All geschleudert wurden.

*Die Trümmer gerieten in die Umlaufbahn der Erde und ballten sich durch die Schwerkraft zum Mond zusammen.*

Vor 3 bis 4 Milliarden Jahren wurde der Mond von zahlreichen Gesteinsbrocken aus dem All getroffen, die bei ihrem Einschlag auf seiner Oberfläche geschmolzenes Gestein aus dem Untergrund freisetzten. Das aufsteigende Magma flutete die Becken und Krater und hinterließ große Tiefebenen.

Die meisten Krater auf dem Mond wurden von Asteroiden und Kometen verursacht, die während der ersten 600 Millionen Jahre auf ihm einschlugen. Da der Mond im Gegensatz zur Erde keine Atmosphäre und damit auch keinen Wind oder Regen hat, der die Krater hätte abtragen können, sind sie noch heute zu sehen.

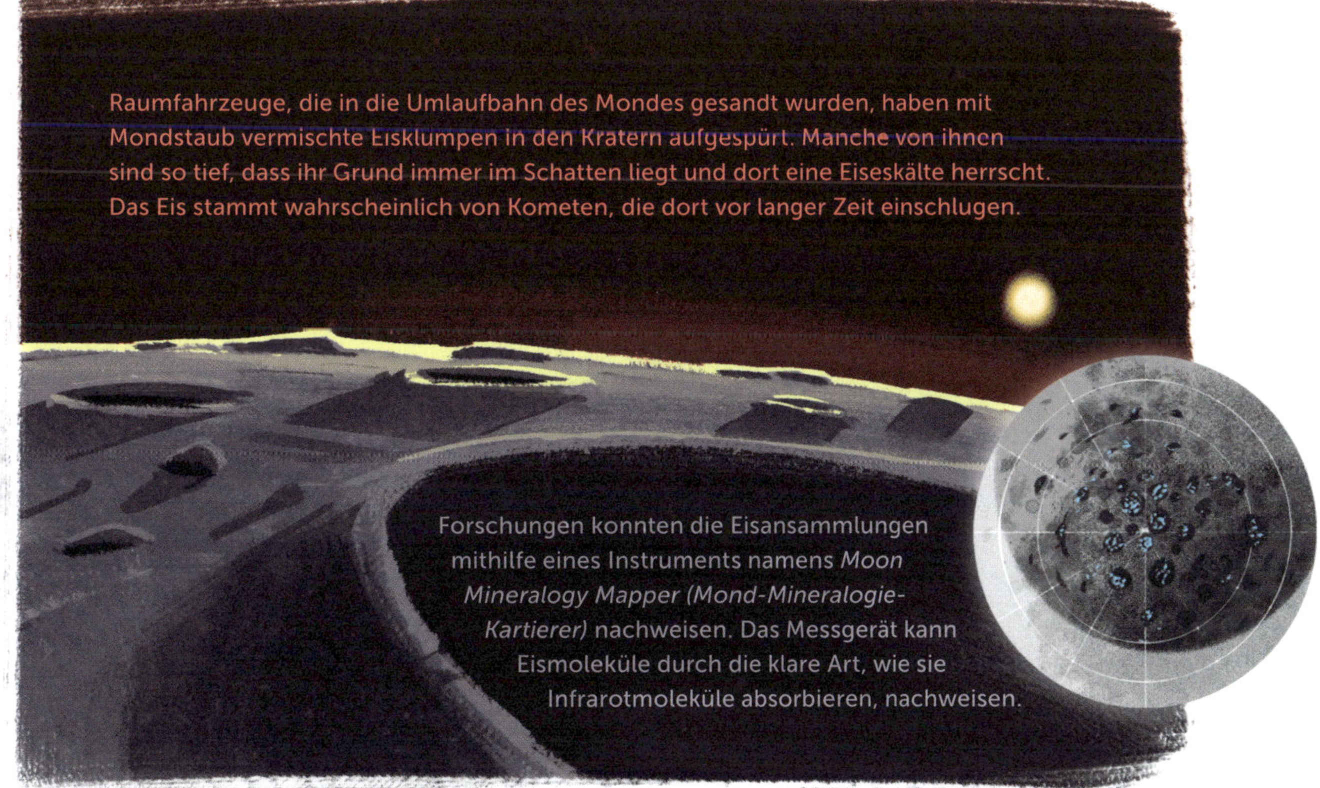

Raumfahrzeuge, die in die Umlaufbahn des Mondes gesandt wurden, haben mit Mondstaub vermischte Eisklumpen in den Kratern aufgespürt. Manche von ihnen sind so tief, dass ihr Grund immer im Schatten liegt und dort eine Eiseskälte herrscht. Das Eis stammt wahrscheinlich von Kometen, die dort vor langer Zeit einschlugen.

Forschungen konnten die Eisansammlungen mithilfe eines Instruments namens *Moon Mineralogy Mapper (Mond-Mineralogie-Kartierer)* nachweisen. Das Messgerät kann Eismoleküle durch die klare Art, wie sie Infrarotmoleküle absorbieren, nachweisen.

# METEORSTROM

Ein paarmal im Jahr veranstaltet die Natur ihr ganz persönliches Feuerwerk. Diese überwältigende Darbietung wird *Sternschnuppenschwarm*, *Meteorstrom* oder *Meteorschauer* genannt. Um sie zu bewundern, brauchst du kein besonderes Equipment!

Begib dich in Begleitung von Erwachsenen an einen möglichst dunklen Beobachtungsposten, um Lichtverschmutzung zu meiden. Leg dich auf eine Decke oder in einen Liegestuhl und richte den Blick zum klaren Sternenhimmel. Hab Geduld und stell dich darauf ein, dass du einige Stunden im Freien verbringen wirst.

Kosmische Trümmer des Kometen 109P/Swift-Tuttle

## Erforsche die Perseiden

Ein prächtiges Naturschauspiel, das sich von beiden Hemisphären aus bewundern lässt, ist der Meteorstrom der *Perseiden*. Jedes Jahr zwischen dem 17. Juli und dem 24. August scheinen sie direkt aus dem Sternbild *Perseus* zu kommen. Auf dem Höhepunkt (normalerweise um den 12./13. August) können bis zu 80 Sternschnuppen – oder wissenschaftlich: *Meteore* – pro Stunde zu sehen sein. Mit etwas Glück sichtest du sogar ein paar Feuerkugeln. Das sind extrem helle Meteore mit einem langen Schweif.

*Hier kommen drei großartige Meteorschauer, die du von der Nord- und der Südhalbkugel aus beobachten kannst.*

Perseus

Suche zwischen Juli und August nach dem Sternbild Perseus, wenn du die Perseiden sehen möchtest.

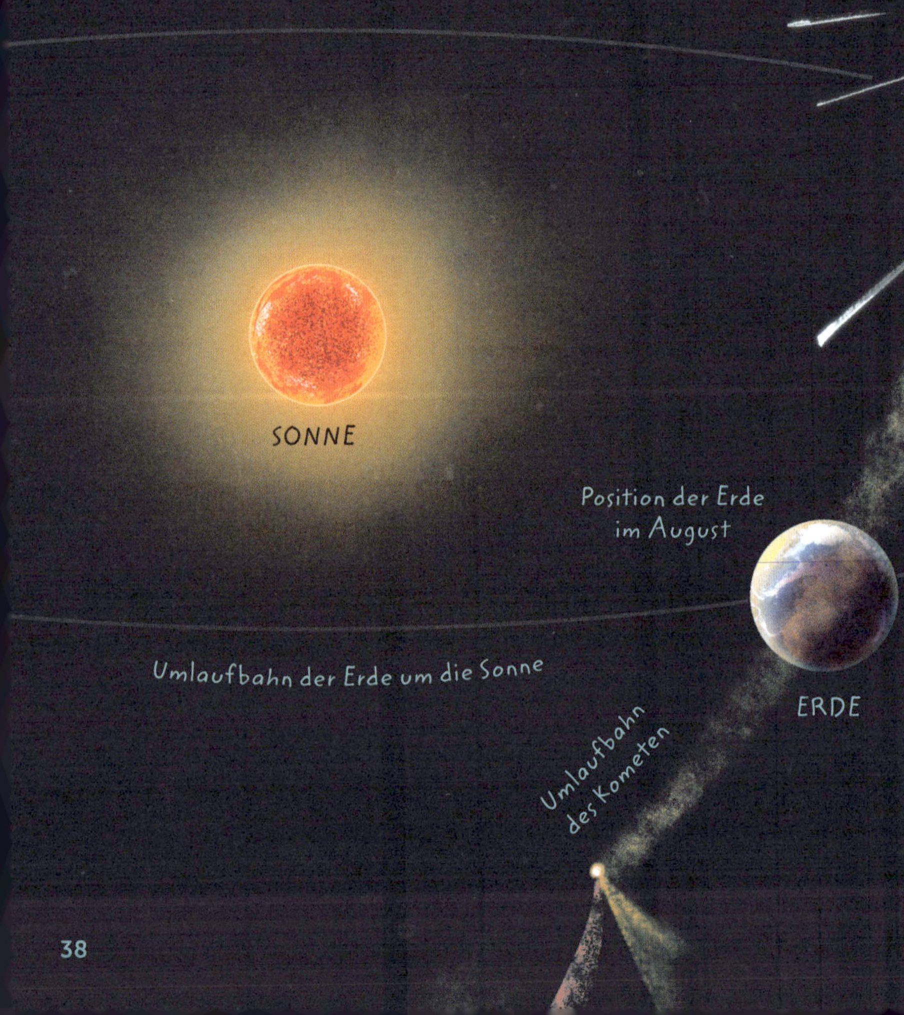

SONNE

Position der Erde im August

ERDE

Umlaufbahn der Erde um die Sonne

Umlaufbahn des Kometen

## Warum das so ist:

Die Perseiden entstehen, wenn die Erde durch Trümmer des Kometen *Swift-Tuttle* hindurchfliegt. Dieser ist auf seiner Umlaufbahn um die Sonne zuletzt 1992 an uns vorbeigezogen und wird das nächste Mal im Jahr 2126 zu sehen sein.

## Erforsche die Geminiden

Der Meteorstrom der *Geminiden* ist oft der aufregendste des Jahres und findet zwischen dem 4. und 17. Dezember statt. Die Geminidenschauer sind nach dem Sternbild *Zwillinge* (lateinisch *Gemini*) benannt, aus dem sie zu strömen scheinen. Auf seinem Höhepunkt kannst du pro Stunde mehr als 100 helle und farbige Meteore sehen.

## Warum das so ist:

Meteorströme entstehen, wenn kleine Staub- und Sandpartikel aus dem Weltraum in die Erdatmosphäre eindringen und verglühen. Diese winzigen Teilchen sind Überbleibsel von vorbeifliegenden Kometen oder Asteroiden. Die Geminidenschauer werden jährlich ausgelöst, wenn die Erde durch ein Staubfeld wandert, das ein Asteroid namens *3.200 Phaethon* hinterlässt.

## Erforsche die Tauriden

Die *Tauridenschauer* aus dem Sternbild *Stier* (lateinisch *Taurus*) sind ganze drei Monate lang sichtbar. Auf der Südhalbkugel siehst du sie vom 10. September bis 20. November und auf der Nordhalbkugel vom 20. Oktober bis 10. Dezember. Bis zu 10 Meteore pro Stunde können den Himmel streifen. Die Tauriden sind zwar etwas langsamer, dafür bestehen sie aber oft aus größeren Partikeln, weshalb sie vermehrt helle Feuerbälle, sogenannte *Boliden*, am Himmel erzeugen.

## Warum das so ist:

Astronom*innen vermuten, dass die Tauriden so lange dauern, weil vor Zehntausenden von Jahren ein Riesen-Komet während seiner Umlaufbahn um die Sonne zerbrach und sich dort verteilte. Die Erde pflügt seitdem jedes Jahr drei Monate lang durch den breiten Strom seiner Überreste.

# ASTEROIDEN

Objekte, die im Sonnensystem umherschwirren, kommen der Erde manchmal sehr nahe und es besteht die Gefahr, dass eines unseren Planeten trifft. Dies ist zwar sehr unwahrscheinlich, doch vorsichtshalber behalten Astronom*-innen überall auf der Welt sie genau im Blick. Ein Beispiel für solche Himmelskörper sind *Asteroiden*.

Asteroiden sind Reste der Materie, aus der vor Milliarden von Jahren die Sonne, die Planeten und Monde unseres Sonnensystems entstanden. Es sind kleine Körper, meist aus Gestein, welche die Sonne umkreisen. Die meisten Asteroiden schwirren in einer Region zwischen der Mars- und der Jupiterbahn herum, im sogenannten *Asteroidengürtel*. Dort halten sich mehr als 2 Millionen große Asteroiden von der Größe von einem Kilometer oder mehr und viele Milliarden kleinere auf.

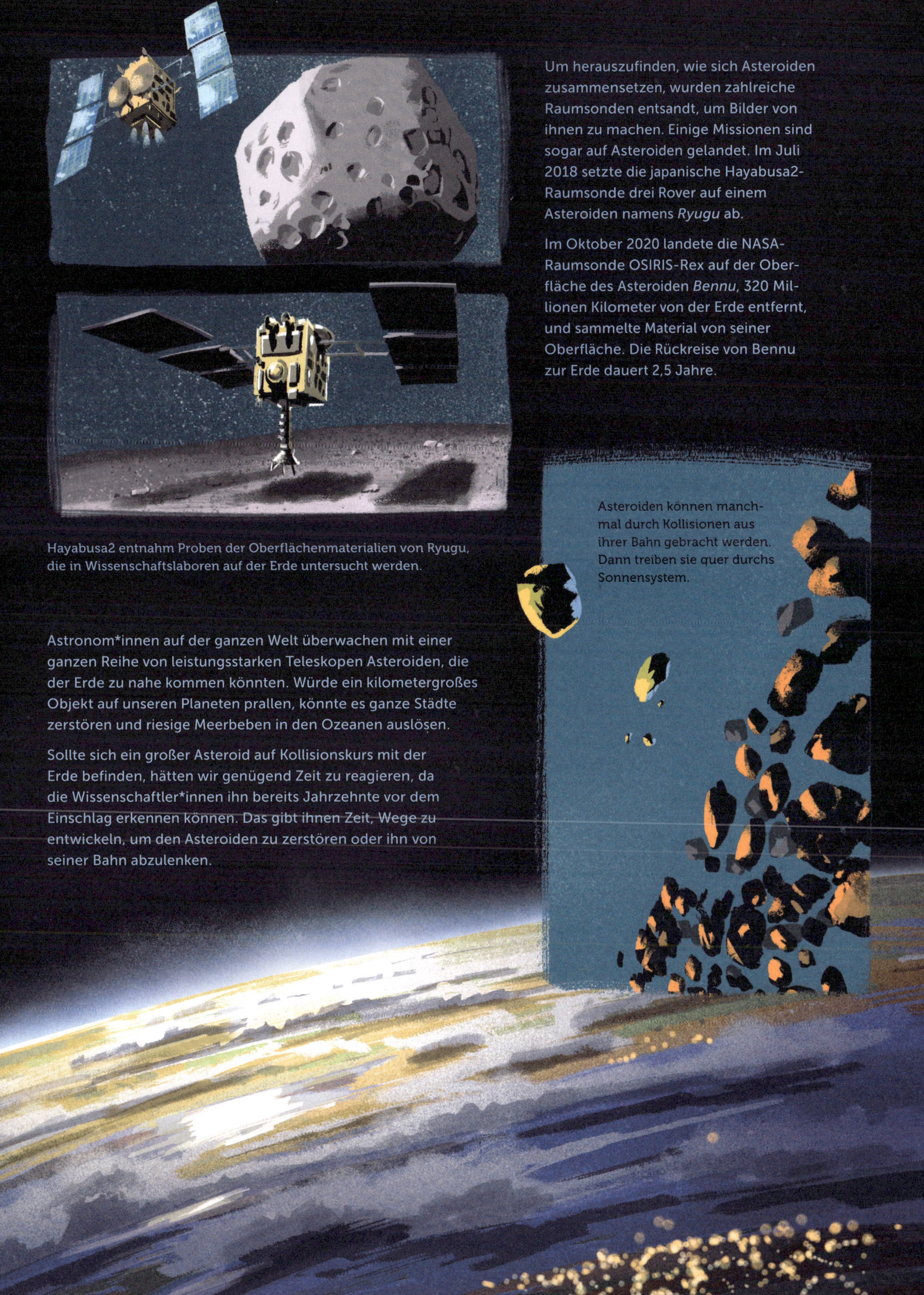

Um herauszufinden, wie sich Asteroiden zusammensetzen, wurden zahlreiche Raumsonden entsandt, um Bilder von ihnen zu machen. Einige Missionen sind sogar auf Asteroiden gelandet. Im Juli 2018 setzte die japanische Hayabusa2-Raumsonde drei Rover auf einem Asteroiden namens *Ryugu* ab.

Im Oktober 2020 landete die NASA-Raumsonde OSIRIS-Rex auf der Oberfläche des Asteroiden *Bennu*, 320 Millionen Kilometer von der Erde entfernt, und sammelte Material von seiner Oberfläche. Die Rückreise von Bennu zur Erde dauert 2,5 Jahre.

Hayabusa2 entnahm Proben der Oberflächenmaterialien von Ryugu, die in Wissenschaftslaboren auf der Erde untersucht werden.

Asteroiden können manchmal durch Kollisionen aus ihrer Bahn gebracht werden. Dann treiben sie quer durchs Sonnensystem.

Astronom*innen auf der ganzen Welt überwachen mit einer ganzen Reihe von leistungsstarken Teleskopen Asteroiden, die der Erde zu nahe kommen könnten. Würde ein kilometergroßes Objekt auf unseren Planeten prallen, könnte es ganze Städte zerstören und riesige Meerbeben in den Ozeanen auslösen.

Sollte sich ein großer Asteroid auf Kollisionskurs mit der Erde befinden, hätten wir genügend Zeit zu reagieren, da die Wissenschaftler*innen ihn bereits Jahrzehnte vor dem Einschlag erkennen können. Das gibt ihnen Zeit, Wege zu entwickeln, um den Asteroiden zu zerstören oder ihn von seiner Bahn abzulenken.

# KOMETEN

Ein großer Komet ist eine außergewöhnliche Erscheinung. Ein wirklich großer Komet – der sich, einen Schweif hinter sich herziehend, über den ganzen Himmel erstreckt – ist ein seltener, aber unvergesslicher Anblick. Kometen sind felsige, unregelmäßig geformte Körper von wenigen Kilometern Durchmesser, bestehend aus Gestein, Staub und Eis. Stell sie dir wie riesige, schmutzige Schneebälle vor! Sie umkreisen die Sonne in langen, ovalen Bahnen. Einen Schweif bilden sie nur, wenn sie näher an der Sonne vorbeigleiten.

**IONENSCHWANZ**

besteht aus Elektronen und Gasen, die durch das ultraviolette Licht der Sonne aus der *Koma* gezogen werden

**STAUBSCHWANZ**

besteht aus mikroskopisch kleinen Staubpartikeln und erscheint oft diffus und gekrümmt

Astronom*innen untersuchen Kometen, weil sie uns viel über die ursprüngliche Materie lehren können, aus der sich die Planeten und Monde gebildet haben. Kometen und Asteroiden haben möglicherweise auch das meiste Wasser geliefert, das wir auf der Erde haben.

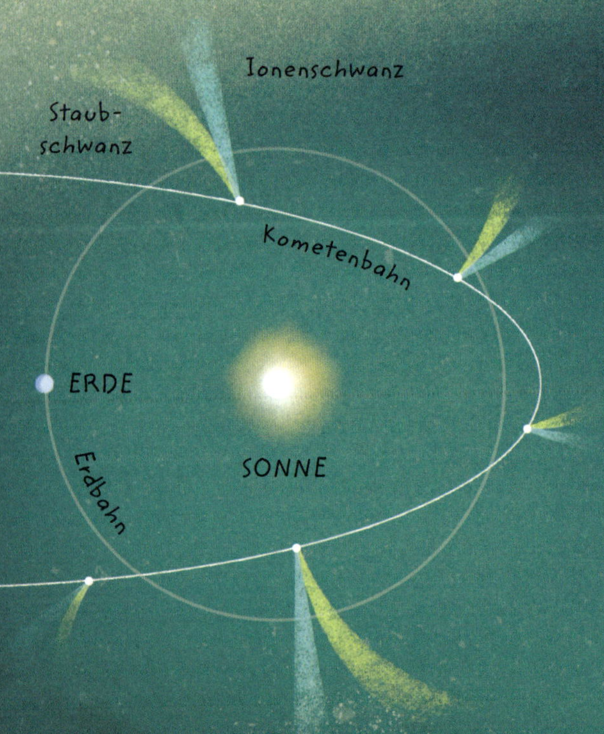


**Warum das so ist:**

Nähert sich ein Komet der Sonne, bewirkt die Sonnenenergie, dass sein Eis verdampft. Der erhitzte Komet beginnt, Gas und Staub auszuspucken, woraus sich ein Schweif bildet.

Gleichzeitig strömt dem Kometen ein ständiger Partikelstrom der Sonne entgegen, der sogenannte *Sonnenwind*. Dieser wirkt wie ein Gebläse, weshalb der Kometenschweif immer von der Sonne wegzeigt.

Astronom*innen können nicht mit Sicherheit sagen, wann der nächste große Komet zu bestaunen sein wird. In den letzten 50 Jahren erschien etwa alle 5 bis 10 Jahre ein großes Exemplar. Taucht ein Komet auf, saust er nicht einfach blitzschnell über den Himmel wie ein Meteor. Kometen sind in der Regel Millionen von Kilometern entfernt und daher wochenlang am Nachthimmel zu sehen.

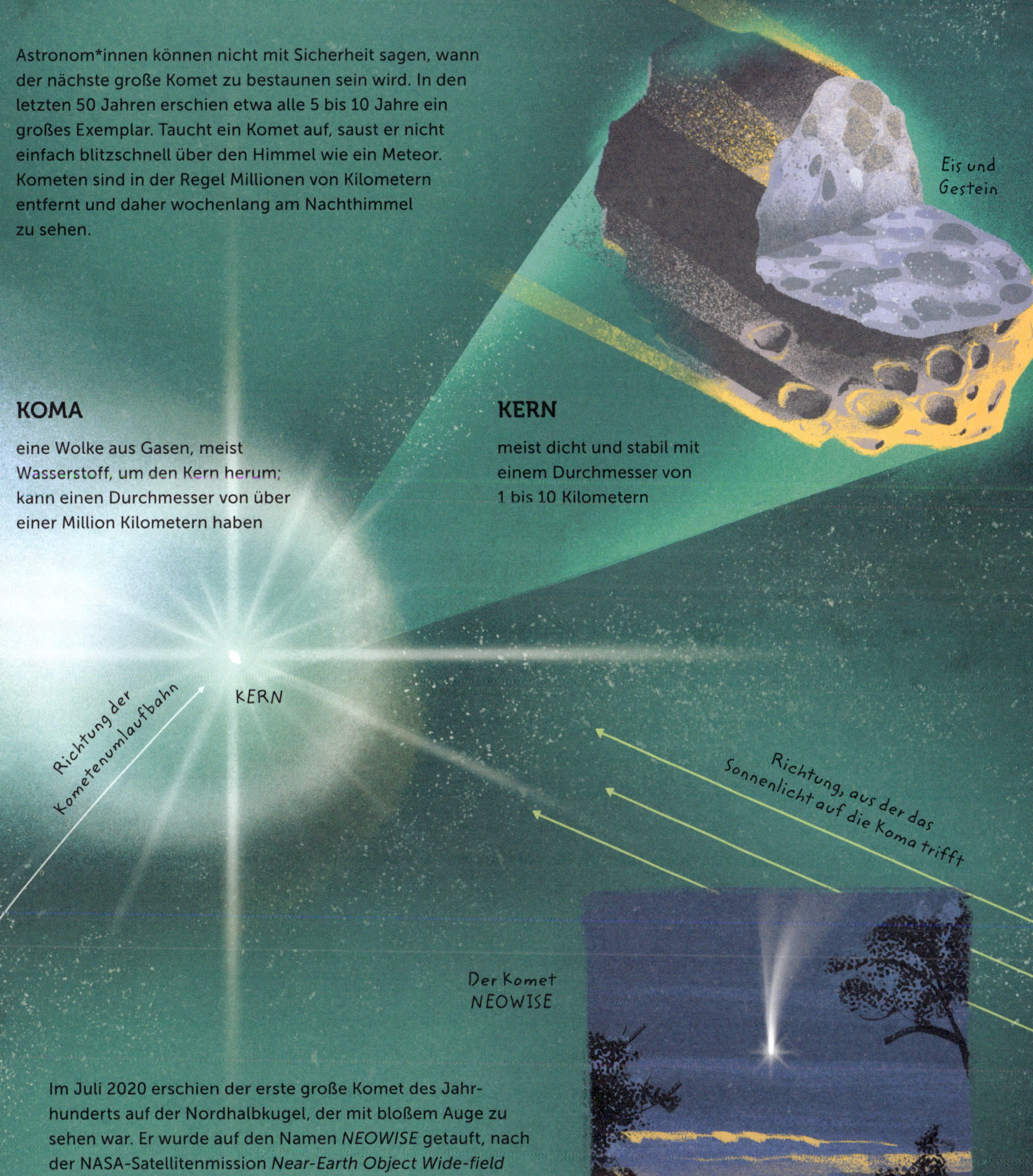


**KOMA**

eine Wolke aus Gasen, meist Wasserstoff, um den Kern herum; kann einen Durchmesser von über einer Million Kilometern haben

**KERN**

meist dicht und stabil mit einem Durchmesser von 1 bis 10 Kilometern

Im Juli 2020 erschien der erste große Komet des Jahrhunderts auf der Nordhalbkugel, der mit bloßem Auge zu sehen war. Er wurde auf den Namen *NEOWISE* getauft, nach der NASA-Satellitenmission *Near-Earth Object Wide-field Infrared Survey Explorer* (etwa: *Erdnahe Objekte erhebende infrarot Breitfeld Forschung*), die ihn zuerst entdeckt hatte.

Der Komet raste durch das innere Sonnensystem und bildete dabei einen wunderschönen Schweif. Das Besondere an NEOWISE ist seine extrem lange Umlaufbahn um die Sonne. Die letzten Menschen, die ihn vor uns gesehen haben, lebten im dritten Jahrtausend vor Christus!

## Astronomie-Fibel:

# Der URSPRUNG der KOMETEN

Im Sonnensystem gibt es zwei große Gebiete, aus denen Kometen hervorgehen: den *Kuipergürtel* und die *Oortsche Wolke*. Das innere Sonnensystem umfasst die Sonne und die Planeten Merkur, Venus, Erde und Mars bis hin zum Asteroidengürtel zwischen Mars und Jupiter. Jenseits des Asteroidengürtels liegt das äußere Sonnensystem. Dies ist das Reich der riesigen Gasplaneten und des donutförmigen Kuipergürtels. Sie alle befinden sich inmitten der riesigen Oortschen Wolke.

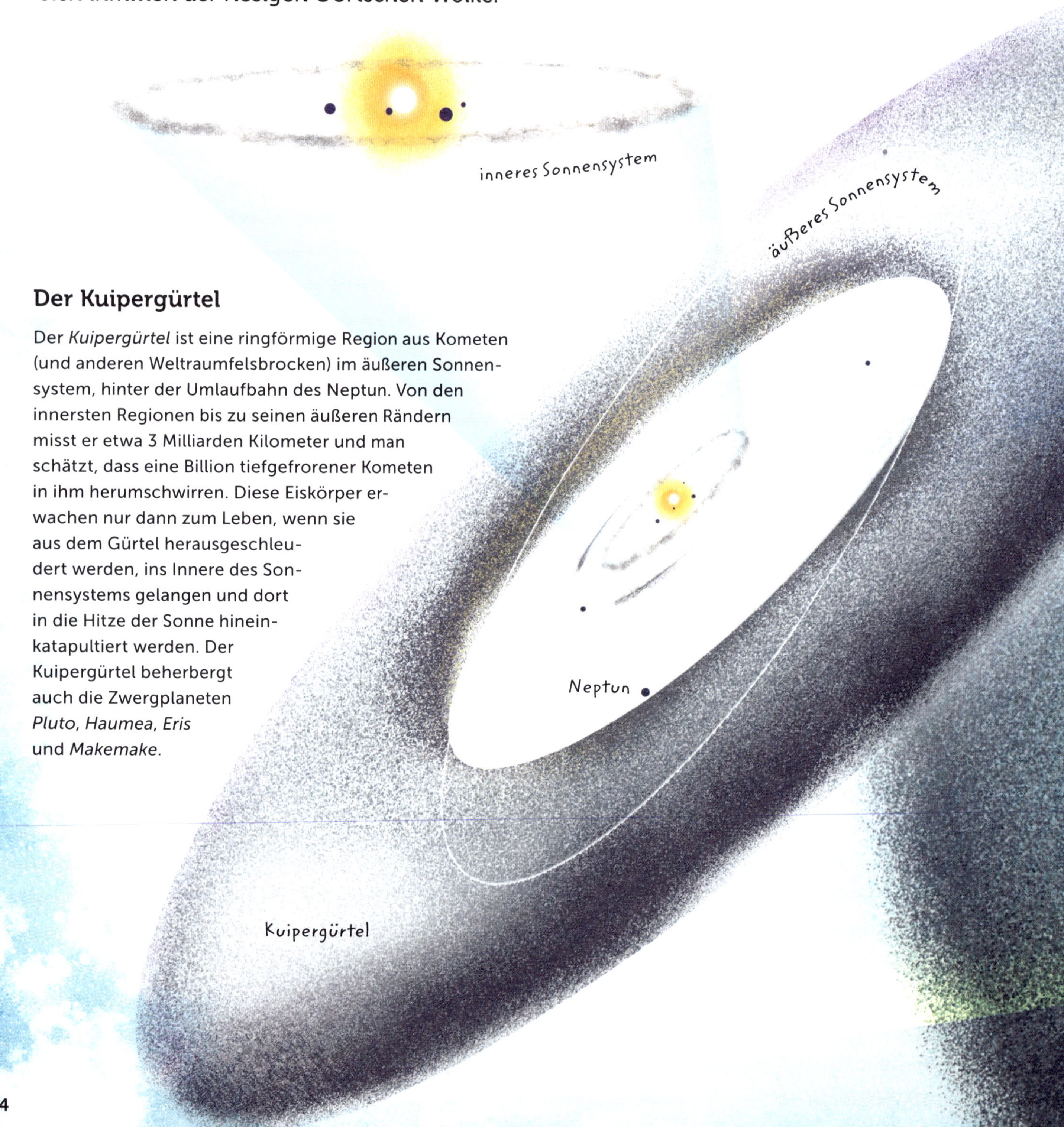


### Der Kuipergürtel

Der *Kuipergürtel* ist eine ringförmige Region aus Kometen (und anderen Weltraumfelsbrocken) im äußeren Sonnensystem, hinter der Umlaufbahn des Neptun. Von den innersten Regionen bis zu seinen äußeren Rändern misst er etwa 3 Milliarden Kilometer und man schätzt, dass eine Billion tiefgefrorener Kometen in ihm herumschwirren. Diese Eiskörper erwachen nur dann zum Leben, wenn sie aus dem Gürtel herausgeschleudert werden, ins Innere des Sonnensystems gelangen und dort in die Hitze der Sonne hineinkatapultiert werden. Der Kuipergürtel beherbergt auch die Zwergplaneten *Pluto*, *Haumea*, *Eris* und *Makemake*.

## Oortsche Wolke

Die *Oortsche Wolke* ist eine riesige, kugelförmige Region aus eisigen Objekten, welche die Sonne, alle Planeten und den Kuipergürtel umgibt. Sie erstreckt sich bis zu 14 Billionen Kilometer von der Sonne entfernt (was immer noch nur etwa ein Viertel der Entfernung zu Proxima Centauri ist), möglicherweise ist sie aber noch sehr viel größer.

*Man geht davon aus, dass Billionen von Kometen aus der Oortschen Wolke stammen, von denen jeder mehr als 200 Jahre braucht, um eine Runde um die Sonne zu drehen.*

*Die Polarlichter gehören zu den spektakulärsten Lichterscheinungen in der Natur.*

# Die NORD- und SÜDLICHTER

*Polarlichter* sind die grünen, blauen und roten Lichtschleier am Himmel. Auf der Nordhalbkugel werden sie als *Aurora borealis* oder *Nordlicht* bezeichnet und auf der Südhalbkugel als *Aurora australis* oder *Südlicht*. Polarlichter entstehen, wenn elektrisch geladene Teilchen auf die Erdatmosphäre treffen.

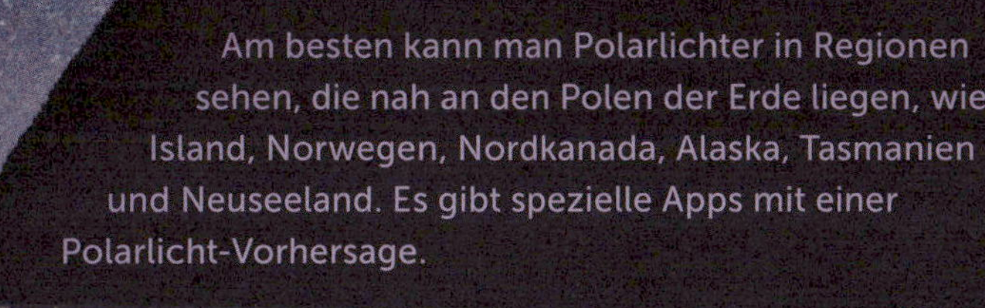

Am besten kann man Polarlichter in Regionen sehen, die nah an den Polen der Erde liegen, wie Island, Norwegen, Nordkanada, Alaska, Tasmanien und Neuseeland. Es gibt spezielle Apps mit einer Polarlicht-Vorhersage.

Du brauchst keine besondere Ausrüstung, um die Polarlichter zu sehen, nur etwas Geduld und Begeisterung! Je finsterer die Nacht, desto besser. Meide Wohnsiedlungen mit künstlichem Licht und zieh dich warm an! Warte einen Moment, bis deine Augen sich an die Dunkelheit gewöhnt haben, und blicke zum Horizont.

Die Polarlichter kräuseln und wiegen sich, fast wie ein leichter Vorhang, der sanft am Nachthimmel weht. Sie können plötzlich verschwinden oder wieder auftauchen und verändern Farbe und Form. Nimm eine Kamera mit und mach viele Fotos. Mit etwas Glück fotografierst du ein astronomisches Meisterwerk!

## Warum das so ist:

Polarlichter entstehen, wenn elektrisch geladene Teilchen, meist von der Sonne stammend, durch den Weltraum reisen. Die Teilchen kollidieren mit dem Magnetfeld der Erde, werden angesogen und in die Atmosphäre des Planeten Richtung Pole gezogen. Dabei entstehen die Erscheinungen aus fluoreszierendem Licht. Der Effekt ähnelt dem von leuchtenden Neonröhren der Werbeschilder von Geschäften.

*Polarlichter gibt es nicht nur auf der Erde. Auch an den beiden Polen des Saturn erstrahlen sie hell. Diese Saturn-Polarlichter sind für das menschliche Auge jedoch unsichtbar, sie können nur im ultravioletten Lichtspektrum erfasst werden.*

## Astronomie-Fibel:

# Die SONNE-ERDE-VERBINDUNG

Polarlichter sind eine eindrucksvolle Erinnerung daran, wie Sonne und Erde miteinander verbunden sind. Die Sonne sendet permanent Ströme elektrisch geladener Teilchen (meist Elektronen und Protonen) aus, die sich im Weltall verbreiten. Gelangen sie zur Erde, werden sie entlang des irdischen Magnetfelds in Richtung der Pole geleitet und reagieren dort mit Molekülen, die wir als bunte Lichterscheinungen am Himmel sehen.

Manchmal kommt es auf der Sonne zum Ausstoß von gewaltigen Mengen an Energie und Materie. Manche dieser plötzlichen Strahlungsausbrüche werden als *chromosphärische Eruption* oder *Flare* bezeichnet. Die größten Flares können extreme Mengen an sehr heißem Plasma emporschleudern. Die freigesetzte Energie eines einzelnen Flares kann Millionen Mal größer sein als die eines Vulkanausbruchs auf der Erde!

Auf dem Höhepunkt ihrer Aktivität kann die Sonne riesige Blasen aus heißem Plasma ausstoßen. Dieses Phänomen ist als *koronaler Massenauswurf* (englisch: *coronal mass ejection*, kurz *CME*) bekannt. Dabei bilden sich gewaltige Wolken aus elektrisiertem Plasma, die auf eine Größe von 10 Millionen Kilometer anschwellen können und sich mit einer Geschwindigkeit von 10 Millionen Stundenkilometern durchs All bewegen. Nur zwei bis drei Tage nach ihrer Freisetzung von der Sonnenoberfläche können die wenigen auf die Erde gerichteten koronalen Masseneruptionen bei uns eintreffen und riesige geomagnetische Stürme auslösen.

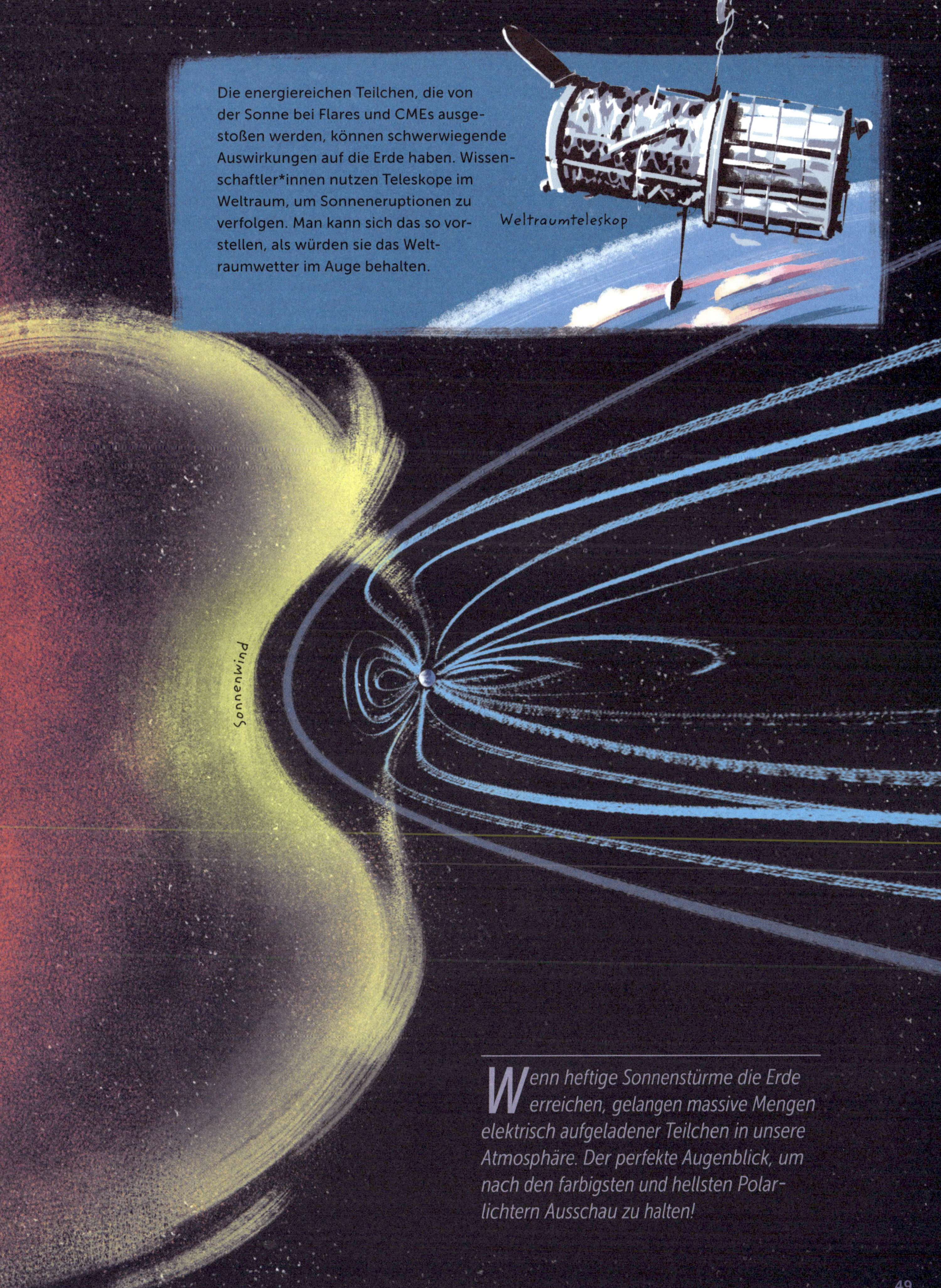


Die energiereichen Teilchen, die von der Sonne bei Flares und CMEs ausgestoßen werden, können schwerwiegende Auswirkungen auf die Erde haben. Wissenschaftler*innen nutzen Teleskope im Weltraum, um Sonneneruptionen zu verfolgen. Man kann sich das so vorstellen, als würden sie das Weltraumwetter im Auge behalten.

*Wenn heftige Sonnenstürme die Erde erreichen, gelangen massive Mengen elektrisch aufgeladener Teilchen in unsere Atmosphäre. Der perfekte Augenblick, um nach den farbigsten und hellsten Polarlichtern Ausschau zu halten!*

# SATELLITENJAGD

Ein weiteres interessantes Weltraumobjekt, das man am Nachthimmel beobachten kann, stammt nicht aus der Natur, sondern wurde vom Menschen gemacht: *Satelliten*. Sie reichen von winzigen Beobachtungssatelliten, die kleiner als eine Wassermelone sind, bis hin zur gigantischen Internationalen Raumstation, in die eine Besatzung von sieben Personen passt. Mit bloßem Auge und einigen praktischen Apps kannst du ganz leicht Satelliten am Himmel ausmachen.

Satelliten sind am besten in der Abend- oder Morgendämmerung sichtbar. Sie erzeugen kein eigenes Licht, wir sehen sie nur aufgrund des von ihnen reflektierten Sonnenlichts. Durch Smartphone-Apps erfährst du, wann und wo du suchen musst und welche Satelliten am hellsten sind.

Im Weltraum ist viel los. Derzeit schwirren über 2.000 Satelliten in Betrieb um die Erde!

Mehr als die Hälfte der aktiven Satelliten sind als erdnah eingestuft. Das bedeutet, dass ihre Umlaufbahn über der Erdoberfläche recht niedrig ist, im Allgemeinen etwa 160 bis 2.000 Kilometer. In dieser Höhe können sie in 90 bis 130 Minuten eine Runde um die Erde drehen.

Im Gegensatz zu Meteoren, die blitzschnell vorbeiziehen, erscheint ein Satellit als sternähnliches Objekt, das sich in einem Zeitraum von mehreren Minuten über den Horizont bewegt, meist von West nach Ost.

Die *Internationale Raumstation* (englisch: *International Space Station*, kurz *ISS*) ist das bei Weitem größte und hellste von Menschen geschaffene Objekt im Erdumkreis. Sie ist etwa so groß wie ein Fußballfeld und schwebt in nur 400 Kilometern Höhe über uns. Mit einer Geschwindigkeit von 27.700 Kilometern pro Stunde kann sie an nur einem Tag sechzehn Runden um die Erde drehen.

Nutze Tracking-Apps, um herauszufinden, wann die ISS das nächste Mal von deinem Standort aus zu sehen sein wird. Es ist ein wahres Wunder!

*Anders ausgedrückt lässt sich die Geschwindigkeit der ISS in der Umlaufbahn so verdeutlichen: 13 Kilometer pro Sekunde. Was für eine wahnsinnige Geschwindigkeit!*

Der große Unterschied zwischen einem Flugzeug, das nachts am Himmel fliegt, und einem Satelliten besteht darin, dass Satelliten keine blinkenden Lichter haben.

## Astronomie-Fibel:

# WELTRAUMSCHROTT

Nicht nur auf der Erde selbst häuft sich der von uns Menschen gemachte Müll an, sondern auch in ihrer Umlaufbahn. Seit Beginn des Weltraumzeitalters, das mit dem Satelliten Sputnik 1 im Jahr 1957 begann, wächst dieser als *Weltraumschrott* bezeichnete Müllhaufen an. Nach Sputnik 1 wurden weltweit etwa 5.000 weitere Raumfahrzeuge und Satelliten gestartet. Leider hat der Erfolg in der Weltraumforschung dazu geführt, dass ein großer Teil des vom Menschen geschaffenen Materials als Abfall im Weltraum landet.

Zum Weltraummüll zählen ausgediente, funktionsuntüchtige Satelliten, ausgebrannte Raketenstufen, aber auch sehr viel kleinere Teile wie Muttern, Bolzen, Werkzeuge und abgeplatzte Lackteilchen. Heute wird der Weltraumschrott von Forscher*innen mit Teleskopen und Radaren überwacht. Sie gehen davon aus, dass etwa 23.000 Trümmerteile von mehr als 10 Zentimetern Größe dort oben kreisen. Beim Zusammenstoß mit intakten Satelliten können selbst die kleinsten Teile extremen Schaden anrichten, denn durch die hohe Geschwindigkeit wirken sie wie Pistolenkugeln! Außerdem können sie Astronaut*innen gefährden, die in der und um die ISS arbeiten.

Die Zahl der ins All geschickten Satelliten wird vermutlich jedes Jahr steigen, denn wir brauchen sie für die Kommunikation (etwa für Mobiltelefone), die Wettervorhersage und wissenschaftliche Studien. Angesichts dieser Zunahme sollten wir schleunigst mit dem Aufräumen beginnen!

## Kreative Aufräumideen

Forscher*innen suchen nach Wegen, um den Weltraummüll zu beseitigen oder zu reduzieren. So hatten sie die Idee, eine „Elektrische Weltraumpeitsche" einzusetzen, welche die Trümmer aus ihrer Umlaufbahn in die Erdatmosphäre schubsen soll, wo sie dann verglühen. Ein anderer Vorschlag ist der Einsatz von Raumfahrzeugen, die riesige Netze auswerfen, um große Teile des Schrotts einzufangen. Hoffentlich können wir so eines Tages Wege finden, den Müll zur Erde zurückzubringen, um ihn zu zerstören oder zu recyceln!

Es könnte verschiedene Weltraumreinigungsmaschinen geben, um das Müllproblem im All zu beseitigen. Man könnte ihn mit Netzen einfangen, die Lebensdauer von Satelliten durch neue Tankfüllungen verlängern oder Roboterarme einsetzen, um ausgediente Satelliten zu greifen und an sicherere Orte zu tragen.

Das helle Band der Milchstraße, das wir am Himmel sehen, ist die Ansicht unserer Heimatgalaxie von innen!

# Die MILCHSTRAẞE

Der Anblick der *Milchstraße*, die sich über den gesamten Horizont erstreckt, ist ein eindrucksvolles Wunder des Nachthimmels. Milchstraße ist der Name der *Spiralgalaxie*, in der wir leben. Sie hat größtenteils die Form einer flachen Scheibe; unsere Sonne und unser Sonnensystem sind etwa zwei Drittel vom Zentrum entfernt.

Das Band der Milchstraße ist recht matt, deshalb brauchst du einen dunklen Ort weit weg von der grellen Stadt, um es sehen zu können. Zudem sollte die Nacht klar und wolkenlos sein. Neumond kann helfen, damit es wirklich dunkel ist. Gib deinen Augen etwa 20 Minuten Zeit, um sich an die Dunkelheit zu gewöhnen, dann kannst du die schwachen Objekte optimal erkennen.

Auf der Südhalbkugel steht das helle Zentrum der Milchstraße hoch am Himmel, genau im Sternbild Schütze. Deshalb kann man sie von dort aus am besten beobachten. Im April und Mai siehst du die Milchstraße auf der Südhalbkugel in den Stunden vor Sonnenaufgang, im Juni und August gegen Mitternacht und zwischen Mitte August und Ende September kurz nach Sonnenuntergang oben am Himmel.

Auf der Nordhalbkugel ist die Zeit zwischen August und September am besten geeignet, um sie zu bestaunen. Hier hat man eine weniger klare Sicht auf die Milchstraße, da es in den Sommernächten nur wenige Stunden lang wirklich dunkel ist. Je weiter du nach Norden kommst, desto niedriger steht die Milchstraße am Horizont. Dein Blick geht dann Richtung Süden.

## Astronomie-Fibel:

# Unsere HEIMATGALAXIE

Die Sonne und alle Sterne, die wir nachts sehen, gehören zur Milchstraße. Sie ist eine ausgedehnte spiralförmige Galaxie aus 200 bis 400 Milliarden Sternen sowie viel Gas und Staub. Durch die Schwerkraft wird die gesamte Milchstraße zusammengehalten.

### Wir befinden uns hier

Die Milchstraße bildet Spiralarme, die sich um das Zentrum drehen. Unser Sonnensystem befindet sich auf einem dieser Arme, etwa 26.000 Lichtjahre vom Zentrum entfernt. Von diesem Punkt aus bewegt sich die Sonne (und das Sonnensystem) mit einer Geschwindigkeit von 830.000 Kilometern pro Stunde um das Zentrum unserer Galaxie und benötigt 230 Millionen Jahre, um eine einzige Runde zu vollenden.

### Seitenansicht

Stell dir vor, die Sonne wäre nur so groß wie ein Sandkorn. Die Erde wäre dann ein noch viel winzigerer Fleck, etwa einen Zentimeter vom Sandkorn entfernt. Die gesamte Milchstraße würde bei diesem Maßstab mindestens 200 Milliarden dieser Sandkörner umfassen, die sich über etwa 80.000 Kilometer ausbreiten.

### Bulge

Der Zentralbereich der Milchstraße, *Bulge* (englisch für *Ausbuchtung*) genannt, hat eine gewölbte Form. Stell dir die Milchstraße wie zwei aneinandergeklebte Spiegeleier vor: Die Eigelbe bilden die Auswölbung und das Eiweiß die flache Scheibe, auf der sich die Spiralarme befinden.

SONNE

BULGE

HALO

### Halo

Unsere Heimatgalaxie ist von einer riesigen, kugelförmigen Region umgeben, die als *Halo* (altgriechisch für *Lichthof*) bezeichnet wird. Sie enthält über 150 *Kugelsternhaufen*, also dicht gedrängte Ansammlungen von Sternen, von denen jeder Millionen von sehr alten Sternen enthalten kann. Astronom*innen haben zudem große Mengen einer seltsamen Art Materie im Halo entdeckt, die als *Dunkle Materie* bezeichnet wird.

SUPERMASSEREICHES SCHWARZES LOCH

### Das Monster mittendrin

Astronom*innen haben entdeckt, dass sich im Zentrum unserer Galaxie ein SUPERMASSEREICHES SCHWARZES LOCH befindet. Es liegt im Sternbild Schütze und hat eine Masse von etwa 4 Millionen Sonnenmassen.

# Die ANDROMEDAGALAXIE und die MAGELLANSCHEN WOLKEN

*Bei der Suche nach anderen Galaxien können dir bekannte Sternbilder Orientierung bieten und den richtigen Himmelsausschnitt zeigen, von dem aus du starten kannst.*

Canopus
DORADO (Schwertfisch)
CARINA (Kiel des Schiffs)
VOLANS (Fliegender Fisch)
MENSA
Große Magellansche Wolke
Achernar
HYDRUS (Kleine Wasserschalnge)
Kleine Magellansche Wolke

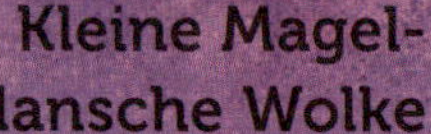

### Kleine Magellansche Wolke

Die *Kleine Magellansche Wolke* liegt südlich der großen. Sie ist schwächer und kleiner. Konzentriere dich auf den hellen Stern *Achernar* im Sternbild *Eridanus*. Strecke deine Arme, lege die Fäuste aufeinander und positioniere sie unter Achernar. Du findest die Kleine Magellansche Wolke ganz in der Nähe.

### Große Magellansche Wolke

Die Zwerggalaxie befindet sich zwischen den Sternbildern *Dorado* (oder *Schwertfisch*) und *Mensa*. Sie sieht aus wie ein blasser Klecks. Bei klarem Himmel kannst du sie nachts das ganze Jahr über von fast allen Orten der südlichen Hemisphäre aus beobachten.

## Die Andromedagalaxie

Die *Andromedagalaxie* (oder *Messier 31*) ist eine wunderschöne, spiralförmige Galaxie, etwa 2,5 Millionen Lichtjahre von uns entfernt. Ihr Licht braucht also 2,5 Millionen Jahre, um uns zu erreichen. Das bedeutet, wir sehen die Galaxie heute so, wie sie vor 2,5 Millionen Jahren war!

Wenn du auf der Nordhalbkugel bist, konzentriere dich auf das w-förmige Sternbild Kassiopeia. Nutzt du den Punkt unten rechts als Wegweiser, findest du die Andromedagalaxie als einen schwachen, verwaschenen Fleck am Himmel. Mit einem Fernglas oder Teleskop kannst du ihren helleren Kern und ihre ovale Form ausmachen.

Es gibt Milliarden von Galaxien jenseits unserer Milchstraße, doch die meisten von ihnen sind Millionen Lichtjahre von uns entfernt. Sie sind extrem lichtschwach und nur durch sehr große und leistungsstarke Teleskope sichtbar. Drei nähere Galaxien sind mit bloßem Auge gerade noch zu erkennen. Aber du brauchst einen dunklen Ort und eine klare, mondlose Nacht. Wenn du dich auf der Südhalbkugel befindest, kannst du nach zwei benachbarten Galaxien Ausschau halten: der Großen und der Kleinen Magellanschen Wolke. Auf der Nordhalbkugel kannst du die Andromedagalaxie in der Nähe von Kassiopeia am Himmel entdecken.

Astronomie-Fibel:

Die wichtigsten

# GALAXIETYPEN

Astronom*innen schätzen, dass es bis zu zwei Billionen Galaxien im Universum geben könnte. Jede von ihnen ist eine riesige Ansammlung von Sternen, Planeten, Gas und Staub, die durch die Schwerkraft zusammengehalten werden. Galaxien haben nicht alle die gleiche Form oder Größe. Solche mit weniger als 1 Milliarde Sternen gelten als klein, während die größten Billionen von Sternen beherbergen können!

Galaxien werden in drei Haupttypen eingeteilt: *Spiralgalaxien*, *elliptische Galaxien* und *irreguläre Galaxien*.

## Spiralgalaxie

Unsere eigene Galaxie, die Milchstraße, ist eine *Spiralgalaxie*. Das sind atemberaubende Gebilde, die aussehen wie ein gigantischer Strudel. Sie bestehen aus einer flachen Scheibe mit einer Beule in der Mitte. Vom hellen Zentrum breiten sich Spiralarme aus, die mit strahlenden Sternen, Planeten, Gas und Staub gefüllt sind. Die Scheibe ist von einem riesigen Halo umgeben. Der Halo besteht aus sehr alten Sternen und einem mysteriösen Bestandteil namens Dunkle Materie.

## Unregelmäßige Galaxie

Wie der Name schon sagt, haben diese Galaxien keine regelmäßige Form. *Unregelmäßige* oder *irreguläre Galaxien* bestehen aus viel Gas und Staub, woraus immer wieder neue Sterne entstehen. Die Große und die Kleine Magellansche Wolke sind irreguläre Galaxien und hier abgebildet ist eine *Starburstgalaxie*, also eine Galaxie, in der mehr Sterne als gewöhnlich entstehen, namens *M82*.

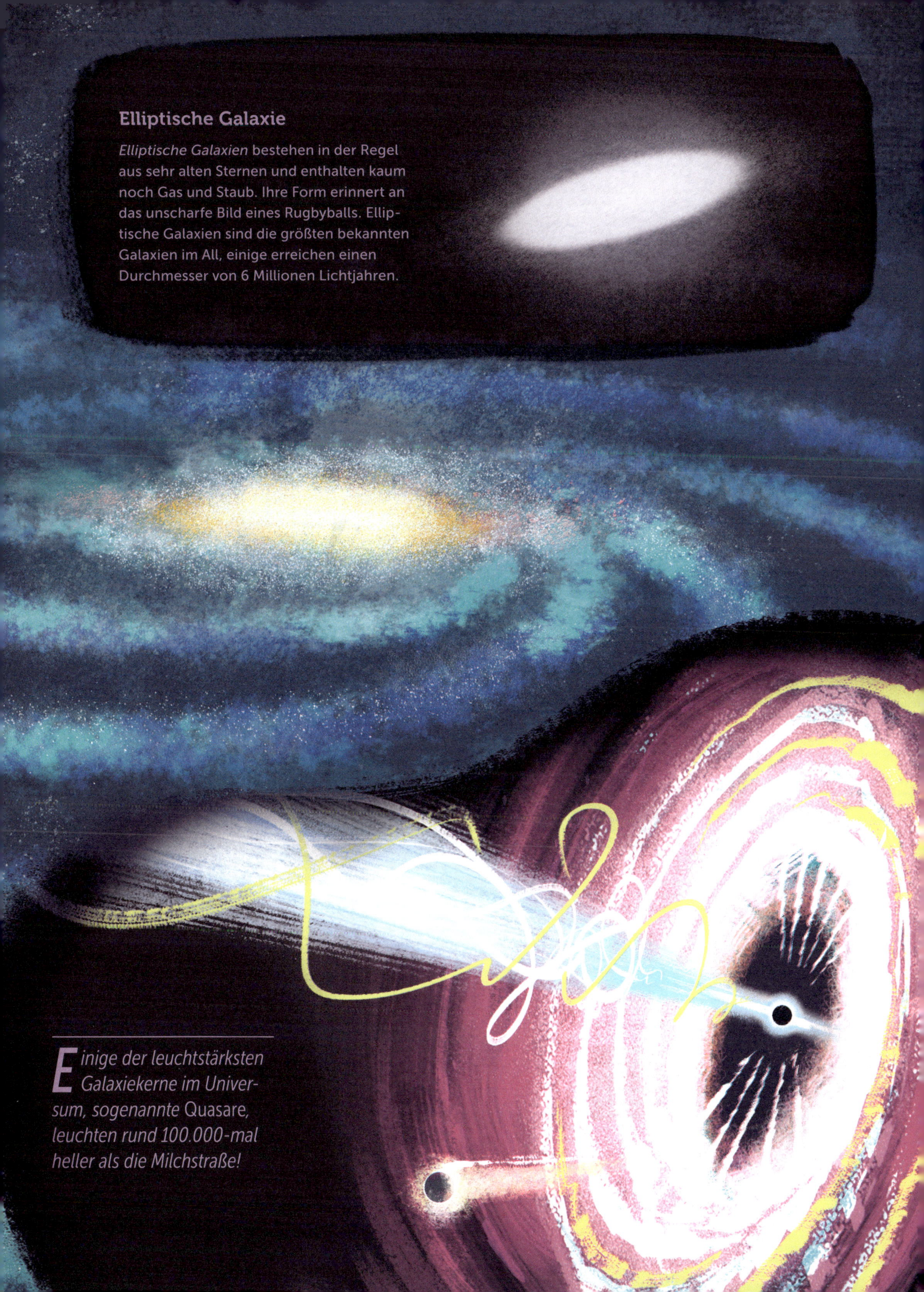

### Elliptische Galaxie

*Elliptische Galaxien* bestehen in der Regel aus sehr alten Sternen und enthalten kaum noch Gas und Staub. Ihre Form erinnert an das unscharfe Bild eines Rugbyballs. Elliptische Galaxien sind die größten bekannten Galaxien im All, einige erreichen einen Durchmesser von 6 Millionen Lichtjahren.

*Einige der leuchtstärksten Galaxiekerne im Universum, sogenannte Quasare, leuchten rund 100.000-mal heller als die Milchstraße!*

## Experimente für zu Hause

# BAU eines TELLURIUMS

Ein *Tellurium* ist eine besondere Form eines *Orrerys*, einer Maschine, die den Lauf der Planeten um die Sonne veranschaulicht. Das Tellurium beschränkt sich auf die Bewegung der drei Himmelskörper Sonne, Erde und Mond. Mit dieser Anleitung kannst du ein einfaches Modell aus Pappe bauen. Es zeigt, wie im Zusammenspiel von Sonne, Mond und Erde die Mondphasen und Mond- und Sonnenfinsternisse entstehen.

**Du brauchst:**

weiße Pappe
eine Schere
drei Musterbeutelklammern
einen Zirkel
bunte Stifte oder Farben

1. Zeichne mit dem Zirkel drei Kreise auf die Pappe: einen mit 18 Zentimeter (cm) Durchmesser für die Sonne, einen mit 9 cm für die Erde und einen mit 3 cm für den Mond. (Beachte, dass die Kreise nicht das genaue Größenverhältnis der Gestirne wiedergeben, da die Sonne in Wirklichkeit 109-mal breiter ist als die Erde!)

2. Schneide die drei Kreise aus und male sie bunt an: die Sonne gelb, die Erde mit blauen Ozeanen und grünen Kontinenten und den Mond grau.

3. Schneide zwei etwa 2 cm breite Streifen aus der Pappe, einen mit einer Länge von 22 cm, den anderen mit einer von 9 cm.

4. Befestige das Ende des langen Streifens mit einer Musterbeutelklammer in der Mitte der Sonne, indem du die Klammer vorne genau in die Mitte pikst und ihre Enden auf der Rückseite der Sonne auseinanderbiegst.

5. Befestige das Ende des kürzeren Streifens ebenso mit der zweiten Musterbeutelklammer an der Mondrückseite.

6. Fixiere das freie Ende des kurzen Streifens auf der Vorderseite der Erde mit der dritten Klammer. Lass sie noch offen.

7. Befestige das lose Ende des langen Streifens hinten an der Erde mit der offenen Klammer aus Schritt 6 und schließe sie.

# MONDKRATER-EXPERIMENT

Die Oberfläche der Monde und vieler Gesteinsplaneten ist übersät von Kratern, die von wenigen Metern bis zu Hunderten von Kilometern Durchmesser reichen. Mit diesem Experiment kannst du nachstellen, wie die Krater entstanden, welche die Mondoberfläche zerfurchen.

## Du brauchst:

Mehl
Kakaopulver
Murmeln
(in unterschiedlichen Größen)
eine große, flache, bruchsichere Schale – nicht aus Glas oder Porzellan!

1. Gib so viel Mehl in die Schale, dass eine etwa 2 cm dicke Schicht entsteht. Bestreue die Mehlschicht dünn mit Kakaopulver. Das Kakaopulver und das Mehl bilden die Mondoberfläche und seine tieferen Schichten.

2. Lass die Murmeln der Reihe nach in die Schale fallen, um ein Modell der Mondoberfläche zu kreieren. Wirf die Murmeln dabei nicht in die Schale, sondern lass sie aus einiger Höhe gerade ins Mehl fallen. Das sind die abstürzenden Asteroiden und Kometen.

3. Schau dir die Krater an, die die Murmeln beim Aufprall hinterlassen. Die Erde (das weiße Mehl) wird aufgewühlt und an die Oberfläche geschleudert. Auch die größten und tiefsten Krater auf dem Mond enthalten Schichten der Mondkruste.

4. Verwende verschieden große Murmeln, um die diversen Einschläge zu vergleichen.

5. Lass gleiche Murmeln aus unterschiedlicher Höhe „einschlagen". Aus größerer Höhe haben die Murmeln eine höhere Geschwindigkeit, wenn sie die Oberfläche des „Mondes" erreichen. Sie hinterlassen größere Krater, weil sie mehr Energie haben.

6. Versuch nun, die Murmeln nicht gerade nach unten fallen zu lassen, sondern sie leicht schräg zu werfen, und beobachte, welche Auswirkung das auf die Form der Einschlaglöcher hat und wie sich das Mehl jetzt verteilt.

Du wirst erstaunt sein, wie realistisch die Krater aussehen, nachdem die Murmeln in die Erde eingeschlagen sind.

# DIE ZUKUNFT DES UNIVERSUMS

## DIE NÄCHSTEN BILLIONEN JAHRE UND DARÜBER HINAUS

# KOSMISCHER ZEITSTRAHL

Unser Planet, unser Sonnensystem, unsere Galaxie und sogar das gesamte Universum verändern sich im Laufe der Zeit. Die Planeten kreisen auf ihren Umlaufbahnen um die Sonne, neue Kometen ziehen über unseren Himmel, alte Sterne sterben, neue werden geboren und Hunderte Milliarden Galaxien im Weltraum entfernen sich in rasender Geschwindigkeit voneinander.

Die Reise entlang des Zeitstrahls der Zukunft, die wir jetzt gemeinsam antreten, führt uns zu den Veränderungen, die das Universum in der kommenden Zeit durchleben wird.

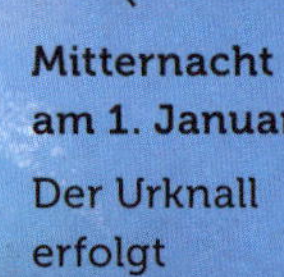

**Mitternacht am 1. Januar**
Der Urknall erfolgt

**15. März**
Unsere Heimatgalaxie, die Milchstraße, entsteht (vor 11 Milliarden Jahren).

Ein Zeitstrahl wird verwendet, um vergangene Ereignisse des Erdzeitalters darzustellen. In der Menschheitsgeschichte gibt es Zeitlinien, die Tausende von Jahren zurückreichen und die Abfolge menschlichen Lebens in verschiedenen Phasen der Geschichte markieren: die Ur- und Frühgeschichte, das Römische Reich, chinesische Dynastien, die Industrielle Revolution – bis hinein ins 21. Jahrhundert.

Auch unser Universum hat eine Vergangenheit, aber sie reicht 13,8 Milliarden Jahre zurück! Das Universum begann vermutlich mit dem *Urknall*, dem *Big Bang*. Das war der Moment, in dem Materie, Energie, Raum und Zeit entstanden. In den folgenden 13,8 Milliarden Jahren bildeten sich Atome, Sterne, Galaxien und schließlich Planeten, darunter unsere Erde, auf der wir heute leben.

**31. August**
Das Sonnensystem beginnt sich zu formieren.

**3. September**
Unsere Erde ist entstanden.

**30. September**
Einzellige Bakterien besiedeln die Erde.

**5. Dezember**
Komplexere Organismen aus vielen Zellen besiedeln die Erde.

Februar
April
Mai
Juni
Juli
August
September
Oktober
November

## Ein maßstabgetreues (Zeit-)Modell

Es fällt uns schwer, Zeiträume zu begreifen, die sich über Milliarden von Jahren erstrecken, weil sie so viel länger sind als alles, was wir aus unserem Alltag kennen. Stell dir daher vor, dass wir die gesamte 13,8-Milliarden-Jahre-lange Geschichte des Universums auf ein einziges (irdisches) Kalenderjahr komprimieren. In diesem 1-Jahres-Modell entspricht jeder **Monat** etwas mehr als **1 Milliarde Jahren** und jede **Stunde** etwa **1,5 Millionen Jahren**! Anhand der Abbildung unten kannst du wichtige Ereignisse im Universum erkennen, die entlang des Modelljahres eingezeichnet sind.

*Unser Modell zeigt, wie unglaublich kurz die gesamte Zeitspanne der menschlichen Geschichte im Vergleich zum immensen Alter des Universums ist.*

# Eine großartige ENTDECKUNGSREISE in die ZUKUNFT

Auf den folgenden Seiten werden wir nicht zurückblicken, sondern Tausende, Millionen, Milliarden und sogar Billionen von Jahren in die Zukunft und einige der erstaunlichsten Ereignisse und Veränderungen entdecken, welche die Forschung für das Universum voraussagt. Unsere Reise führt uns zu neuen Sternbildern und Planetenringen, explodierenden Sternen, einem spektakulären Galaxien-Crash und den Bewegungen von Galaxieschwärmen. Zum Schluss werfen wir auch einen Blick auf das düstere Ende des Universums, das ihm in Billionen und Trillionen von Jahren bevorsteht. (Eine Billion ist eine riesige Zahl, in Ziffern ausgedrückt schreibt man sie so: 1.000.000.000.000!)

Die zukünftigen Ereignissen des Universums, die du in diesem Buch kennenlernst, sind keine Vermutungen. Die Wissenschaft ist in der Lage, anstehende Veränderungen sicher vorauszusagen, indem sie die Erkenntnisse darüber anwendet, wie sich das Universum in den letzten 13,8 Milliarden Jahren *bereits verändert hat*. Anhand von astrophysikalischen Gesetzen können wir verstehen, wie verschiedene Kräfte, zum Beispiel die Schwerkraft, auf die Objekte im Weltraum wirken.

Mithilfe von Disziplinen wie der Physik, Astronomie und Mathematik kann untersucht werden, wie sich die Materie im Weltraum bewegt und wie sie sich zu Energie und Licht verhält. Zukünftige Wissenschaftler*innen (zu denen auch DU gehören könntest) gewinnen immer neue Erkenntnisse und so gelangen wir zu einem immer besseren Verständnis jedes einzelnen dieser zukünftigen Weltraumwunder.

*Lass uns unser Wissen über seine Vergangenheit und Gegenwart nutzen, um die faszinierende Zukunft des Universums zu erkunden. Mit jedem Kapitel werden wir entlang der Achse der Zukunftsuhr weiter und weiter nach vorn springen.*

## Wo die Schwerkraft regiert

Eine der wichtigsten Kräfte des Universums ist die *Schwerkraft*. Obwohl die schwächste aller fundamentalen Kräfte der Natur, ist die Schwerkraft die wichtigste für die Astronomie und zur Erforschung des Weltalls. Jedes Objekt, das eine Masse hat, verfügt auch über eine *Gravitationskraft* oder *Massenanziehungskraft*, mit der es auf andere Objekte wirkt:

- Die Anziehungskraft der Sonne hält die Planeten in ihren Umlaufbahnen und verhindert, dass sie sich im interstellaren Raum verlieren.
- Die Schwerkraft der Erde hält uns an der Oberfläche des Planeten fest.
- Die Milliarden von Sternen unserer wunderschönen Spiralgalaxie namens Milchstraße werden von der Schwerkraft zusammengehalten.

Die Schwerkraft existiert seit Beginn des Universums und wir gehen davon aus, dass sie überall im Universum gleich wirkt.

# Die Rückkehr der RIESEN-KOMETEN

## Kosmische Schneebälle

Kometen sind die eisigen Wanderer des Sonnensystems (siehe Seiten 42–45). Die kleinen Objekte aus Eis und Gestein sind bei der Entstehung der Planeten und Monde vor etwa 4,5 Milliarden Jahren übrig geblieben. Sie helfen uns dabei, das Material zu verstehen, das bei der Entstehung der Planeten vorhanden war, da sie weitgehend unverändert geblieben sind.

Jeder Komet hat einen winzigen gefrorenen Teil, den sogenannten Nukleus, den Kern, der in der Regel einen Durchmesser von 1 bis 20 Kilometern hat. Der Kern besteht aus eisigen Klumpen, gefrorenen Gasen sowie Gesteins- und Staubbrocken. Kometen sind so etwas wie schmutzige Schneebälle im Weltall. Einige Wissenschaftler*innen sind der Ansicht, dass ein Teil des Wassers aus den Ozeanen auf der Erde aus den Kometen stammt, die auf der Erde einschlugen.

## In Ellipsen um die Sonne

Kometen sind die meiste Zeit ihres Lebens Milliarden oder sogar Billionen Kilometer von der Sonne entfernt. Sie haben allerdings die seltsamste Umlaufbahn des Sonnensystems – sie kreisen auf ihren Bahnen weit entfernt von den Planeten, ehe sie in der Nähe der Sonne wieder eintauchen. Das wird als elliptische Umlaufbahn bezeichnet.

Führt ihre eiförmige Bahn sie dicht an die Sonne, erhitzen sich die Kometen und spucken Gas und Staub aus. Daraus entsteht der Schweif, der sich Millionen von Kilometern weit ausdehnt. Dieses Leuchten können wir sehen, wenn die Kometen an der Erde vorbeiziehen.

## Einen Kometen vorhersagen

Einer der berühmtesten Kometen ist der *Komet Halley*. Benannt ist er nach dem englischen Astronomen und Mathematiker Edmond Halley. Halley studierte historische Berichte über Kometen, die in den Jahren 1531, 1607 und 1682 am Nachthimmel zu sehen waren. Zur gleichen Zeit arbeitete der englische Mathematiker Sir Isaac Newton an seiner Theorie der Schwerkraft und den Grundgesetzen der Bewegung. Halley nutzte diese Theorie, um die Umlaufbahn des Kometen genau zu berechnen.

Beim Halley-Kometen handelt es sich um einen *periodischen Kometen*. Halley sagte voraus, dass er der Erde im Jahre 1758 wieder nahe kommen würde. Leider starb er 1742 und konnte die Rückkehr des Kometen nicht mehr miterleben. Dafür konnten andere Astronom*innen ihn sehen und beweisen, dass Halleys Vorhersage richtig war: Der Halley-Komet befindet sich auf einer regelmäßigen (oder periodischen) Umlaufbahn um die Sonne. Jede Runde dauert 75 bis 76 Jahre.

*Der Kern des Halleyschen Kometen ist eines der dunkelsten Objekte im Sonnensystem, da er fast kein Sonnenlicht reflektieren kann.*

In jeder Runde gleitet Komet Halley an einem bestimmten Punkt an der Erde vorbei. 1910 hatte er einen spektakulären Auftritt, da er in nur 22 Millionen Kilometer Entfernung an uns vorbeiflog (das ist für einen Kometen wirklich sehr nah!).

1986, als der Halleysche Komet das letzte Mal in die Nähe der Erde kam, konnte er zum ersten Mal mit Raumfahrzeugen aus nächster Nähe untersucht werden. Die *Europäische Weltraumorganisation* (ESA) schickte die Raumsonde *Giotto* los und lieferte spektakuläre Bilder des 15 x 8 Kilometer großen Kometenkerns.

## Die nächste große Show

Werfen wir einen Blick in die Zukunft. Mithilfe des Newtonschen Gravitationsgesetzes können Astronom*innen sehr genau vorhersagen, dass der Komet Halley im Jahr 2061 auf seiner regulären Bahn um die Sonne wieder am Erdhimmel erscheinen wird.

Am 1. Juni 2061 wird der Komet der Sonne am nächsten sein.

Am 18. Juni 2061 wird der Komet am dichtesten an der Erde vorbeiziehen.

Jedes Mal, wenn Komet Halley an der Sonne vorbeifliegt, bildet er einen Schweif aus Gas und Staub. Dabei verliert er bis zu 3 Meter Kometenmaterie von der Oberfläche seines Kerns.

Von Ende Mai bis Mitte Juni 2061 wird der Komet in der Morgendämmerung hell leuchten und von Mitte Juni bis Anfang Juli wird er nach Sonnenuntergang sichtbar sein.

Ab Ende Juli beginnt er am Abendhimmel zu verblassen, da er sich nun wieder ins äußere Sonnensystem zurückbewegt.

Einige Wissenschaftler*innen sagen voraus, dass der Halleysche Komet noch etwa 300 Umläufe um die Sonne machen wird, bevor er zerbricht. Das bedeutet, dass wir ihn noch bis zu 23.000 Jahre lang am Himmel bewundern können.

## Weitere Kometen im Anmarsch

Der Komet *Hale-Bopp* ist ein weiterer großer periodischer Komet. 1997 konnte er für mehrere Monate mit bloßem Auge am Himmel beobachtet werden. Astronom*innen haben herausgefunden, dass seine periodische Umlaufbahn noch deutlich länger ist als die des Kometen Halley. Für eine Sonnenumrundung braucht Hale-Bopp mehr als 2.000 Jahre. Im Jahr 4385 wird er das nächste Mal am Himmel zu sehen sein.

# Die ERDE wackelt

Räder, Karussells und Planeten drehen sich alle um eine Achse. Die *Erdachse* ist eine imaginäre Linie, die vom Nord- zum Südpol verläuft und direkt durch den Mittelpunkt des Planeten geht. Wir können es zwar nicht spüren, aber die Erde dreht sich mit mehr als 1.000 Stundenkilometern um diese *Rotationsachse*. Deshalb durchlaufen wir alle 24 Stunden einen Tag-und-Nacht-Zyklus. Glücklicherweise gibt es die Schwerkraft, die uns am Boden hält, sodass wir bei dieser wahnsinnigen Geschwindigkeit nicht ins All geschleudert werden.

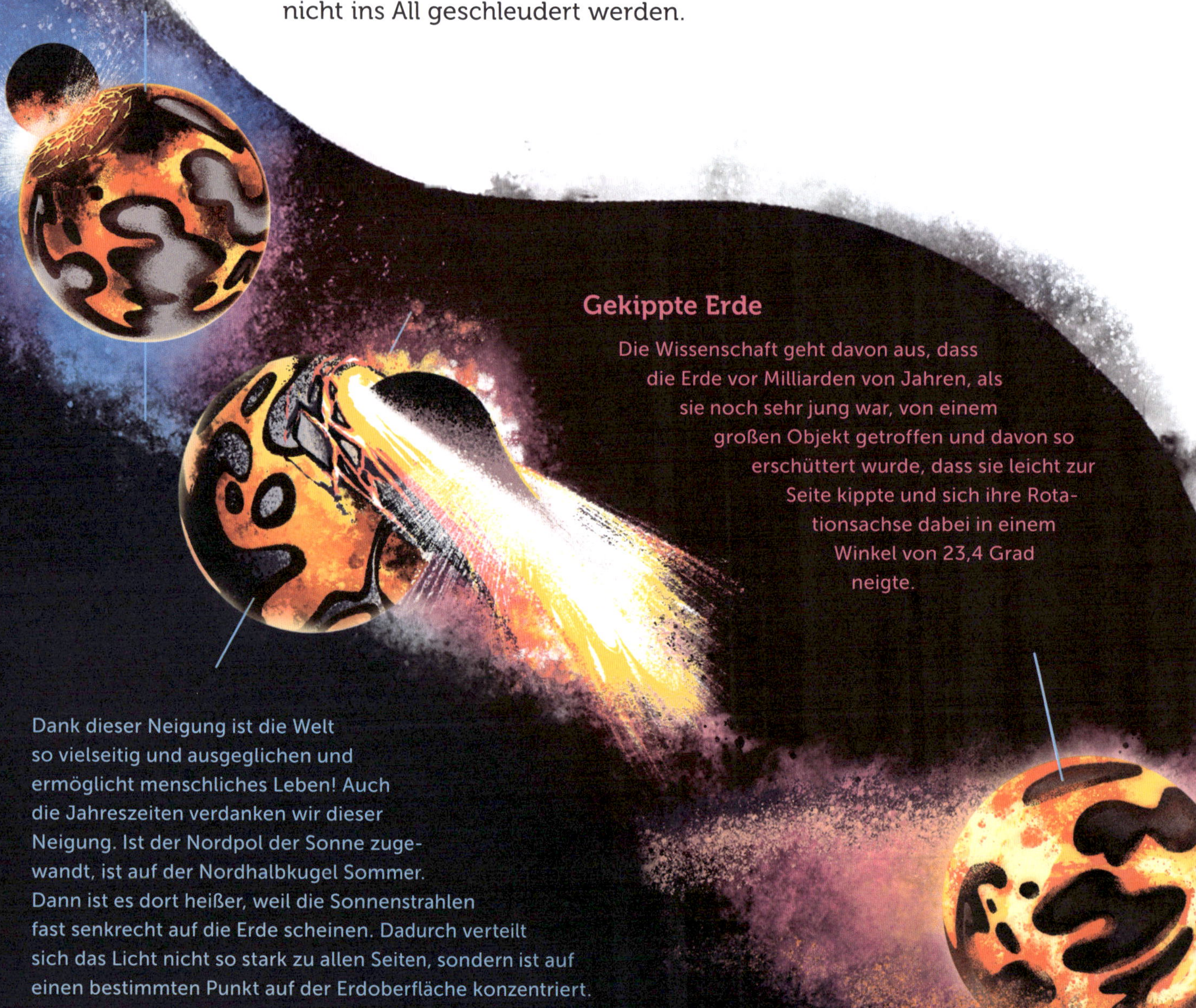

## Gekippte Erde

Die Wissenschaft geht davon aus, dass die Erde vor Milliarden von Jahren, als sie noch sehr jung war, von einem großen Objekt getroffen und davon so erschüttert wurde, dass sie leicht zur Seite kippte und sich ihre Rotationsachse dabei in einem Winkel von 23,4 Grad neigte.

Dank dieser Neigung ist die Welt so vielseitig und ausgeglichen und ermöglicht menschliches Leben! Auch die Jahreszeiten verdanken wir dieser Neigung. Ist der Nordpol der Sonne zugewandt, ist auf der Nordhalbkugel Sommer. Dann ist es dort heißer, weil die Sonnenstrahlen fast senkrecht auf die Erde scheinen. Dadurch verteilt sich das Licht nicht so stark zu allen Seiten, sondern ist auf einen bestimmten Punkt auf der Erdoberfläche konzentriert. Etwa 6 Monate später, wenn der Südpol der Sonne zugewandt ist, herrscht auf der Nordhalbkugel Winter und auf der Südhalbkugel Sommer.

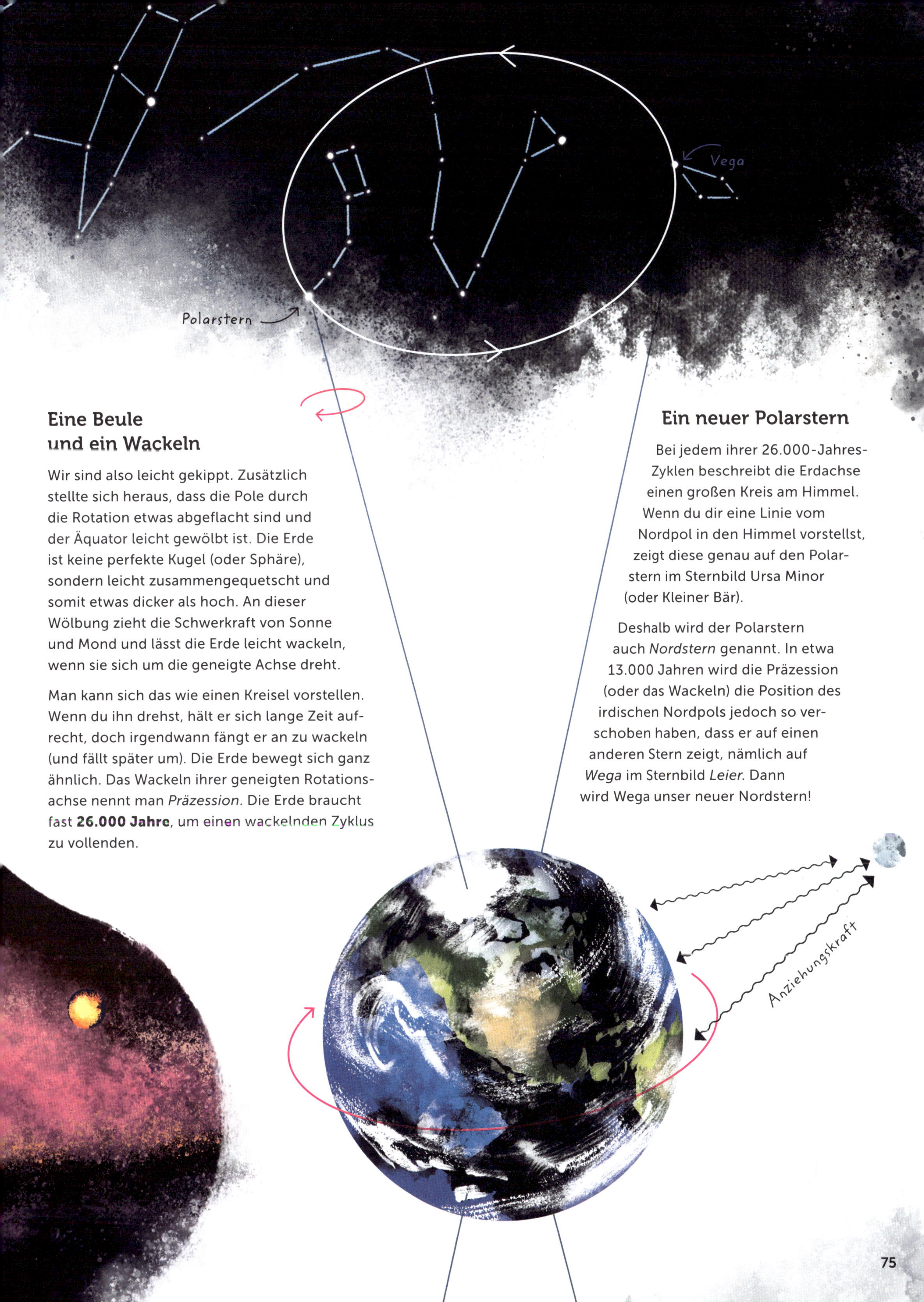


## Eine Beule und ein Wackeln

Wir sind also leicht gekippt. Zusätzlich stellte sich heraus, dass die Pole durch die Rotation etwas abgeflacht sind und der Äquator leicht gewölbt ist. Die Erde ist keine perfekte Kugel (oder Sphäre), sondern leicht zusammengequetscht und somit etwas dicker als hoch. An dieser Wölbung zieht die Schwerkraft von Sonne und Mond und lässt die Erde leicht wackeln, wenn sie sich um die geneigte Achse dreht.

Man kann sich das wie einen Kreisel vorstellen. Wenn du ihn drehst, hält er sich lange Zeit aufrecht, doch irgendwann fängt er an zu wackeln (und fällt später um). Die Erde bewegt sich ganz ähnlich. Das Wackeln ihrer geneigten Rotationsachse nennt man *Präzession*. Die Erde braucht fast **26.000 Jahre**, um einen wackelnden Zyklus zu vollenden.

## Ein neuer Polarstern

Bei jedem ihrer 26.000-Jahres-Zyklen beschreibt die Erdachse einen großen Kreis am Himmel. Wenn du dir eine Linie vom Nordpol in den Himmel vorstellst, zeigt diese genau auf den Polarstern im Sternbild Ursa Minor (oder Kleiner Bär).

Deshalb wird der Polarstern auch *Nordstern* genannt. In etwa 13.000 Jahren wird die Präzession (oder das Wackeln) die Position des irdischen Nordpols jedoch so verschoben haben, dass er auf einen anderen Stern zeigt, nämlich auf *Wega* im Sternbild *Leier*. Dann wird Wega unser neuer Nordstern!

## Heißere Sommer und kühlere Winter

Durch die Verschiebung in 13.000 Jahren bleiben der Erde die Jahreszeiten in den Kalendermonaten zwar erhalten, doch die Präzession der Erdachse verschiebt, wo auf der Umlaufbahn die Jahreszeiten ablaufen. Zu diesem Zeitpunkt wird das Wackeln die Achse derart verschoben haben, dass auf der Nordhalbkugel Sommer ist, wenn sich die Erde auf ihrer eiförmigen Bahn der Sonne am nächsten befindet.

Derzeit sind wir der Sonne im Januar am nächsten, aber in 13.000 Jahren wird dies im Juli der Fall sein.

**Jahreszeitenkalender**

N

Frühling auf der Nordhalbkugel

N

Sommer auf der Nordhalbkugel

NEIGUNG DER ERDACHSE HEUTE

N

Herbst auf der Nordhalbkugel

Kürzere Sommer und längere Winter auf der Nordhalbkugel haben weitreichende Auswirkungen auf den gesamten Planeten.

Das liegt daran, dass sich der größte Teil der irdischen Landfläche auf der Nordhalbkugel befindet und das Landklima viel stärkere jahreszeitliche Kontraste aufweist als das Meeresklima.

Ändern sich Stärke und Länge der Sommer und Winter im Norden, könnte es passieren, dass sich neue und größere Gletscher in großen Landgebieten oberhalb des Äquators bilden.

LÖWE

KREBS

ZWILLINGE

Expert*innen haben sich auf 88 Sternbilder geeinigt. Sie helfen uns dabei, uns am Nachthimmel zu orientieren.

Zu ihnen zählen bekannte Sternbilder wie Orion (der Jäger), Löwe, Stier, Kassiopeia (die Königin) und Schütze (der Zentaur).

Wir werden diese und alle anderen Konstellationen im Laufe unseres Lebens beobachten können. Sie werden allerdings nicht immer in ihrer jetzigen Form existieren.

# Neue STERNBILDER am Nachthimmel

In klaren, dunklen Nächten, fernab jeglicher Lichtverschmutzung, können deine Augen fast 2.000 Sterne am Himmel erkennen. Wenn du sie betrachtest, kannst du sie mit imaginären Linien verbinden, sodass die Sternengruppen Figuren und Formen bilden.

Genau das ist es, was die Menschen in fast allen Kulturen im Laufe der Menschheitsgeschichte getan haben. Sie gaben den Formen Namen und erzählten sich fabelhafte Geschichten, Legenden und Mythen über sie. Noch heute können wir dieselben Sternenkonstellationen am Nachthimmel sehen wie die Menschen aus alten Kulturen.

## Nicht wirklich gruppiert

Die Sterne einer Konstellation wirken zum Teil, als ob Sie eng beieinanderliegen, weil wir sie alle aus einer sehr großen Entfernung betrachten. Es ist wichtig, sich daran zu erinnern, dass Sterne, die zu einem Sternbild „verbunden" wurden, nicht wirklich nebeneinanderstehen. Sie befinden sich alle in unterschiedlich weit entfernten Positionen zur Erde.

Der helle rötliche Stern Beteigeuze im Sternbild Orion (siehe Seite 14–15) ist etwa 550 bis 650 Lichtjahre von der Erde entfernt. Er markiert eine Schulter des Jägers Orion. Bellatrix, der Stern auf der anderen Schulter des Jägers, ist 2- bis 3-mal näher an uns als Beteigeuze.

Gäbe es eine andere Zivilisation in einem anderen Teil unserer Galaxie, wäre für sie eine völlig andere Anordnung der Sterne an Ihrem Himmel zu sehen.

## Sterne in Bewegung

Die Muster der Sternbilder ändern sich, weil sich auch die Sterne mit unterschiedlichen Geschwindigkeiten fortbewegen. Unter dem Einfluss der Massenanziehungskraft fliegen sie auf ihren riesigen Bahnen um das Zentrum unserer Galaxie durcheinander und prallen zusammen. Astronom*innen beobachten ihre Bewegungen sehr genau, um festzustellen, wie schnell und in welche Richtung sie sich bewegen.

*In 100.000 Jahren werden viele Sternbilder anders aussehen als heute.*

Sterne erreichen unglaubliche Geschwindigkeiten von mehr als 10.000 Kilometern pro Stunde, doch weil sie so weit weg sind, dauert es sehr lange, bis wir auf der Erde etwas davon bemerken. Auf einer kleineren Skala kannst du dieses Phänomen auch im Alltag beobachten: Wenn ein Auto direkt vor dir die Straße entlangfährt, wirkt es schnell, aber ein weit entferntes Flugzeug am Himmel scheint sich viel langsamer zu bewegen, obwohl es in Wirklichkeit mit Hunderten von Stundenkilometern durch die Luft saust.

## Neue Legenden und Mythen gesucht!

Der Große Wagen ist ein sehr bekannter Teil aus dem Sternbild Ursa Major (oder Großer Bär). Der Stern am vorderen Ende der Deichsel des Großen Wagens heißt *Alkaid*. Er bewegt sich in eine völlig andere Richtung als die anderen Sterne dieses Sternbilds. In einer weit entfernten Zukunft wird die Deichsel einmal aussehen, als wäre sie abgeknickt, und der restliche Wagen wird sich in die Länge ziehen. Der Große Wagen sieht dann eher aus wie eine Ente!

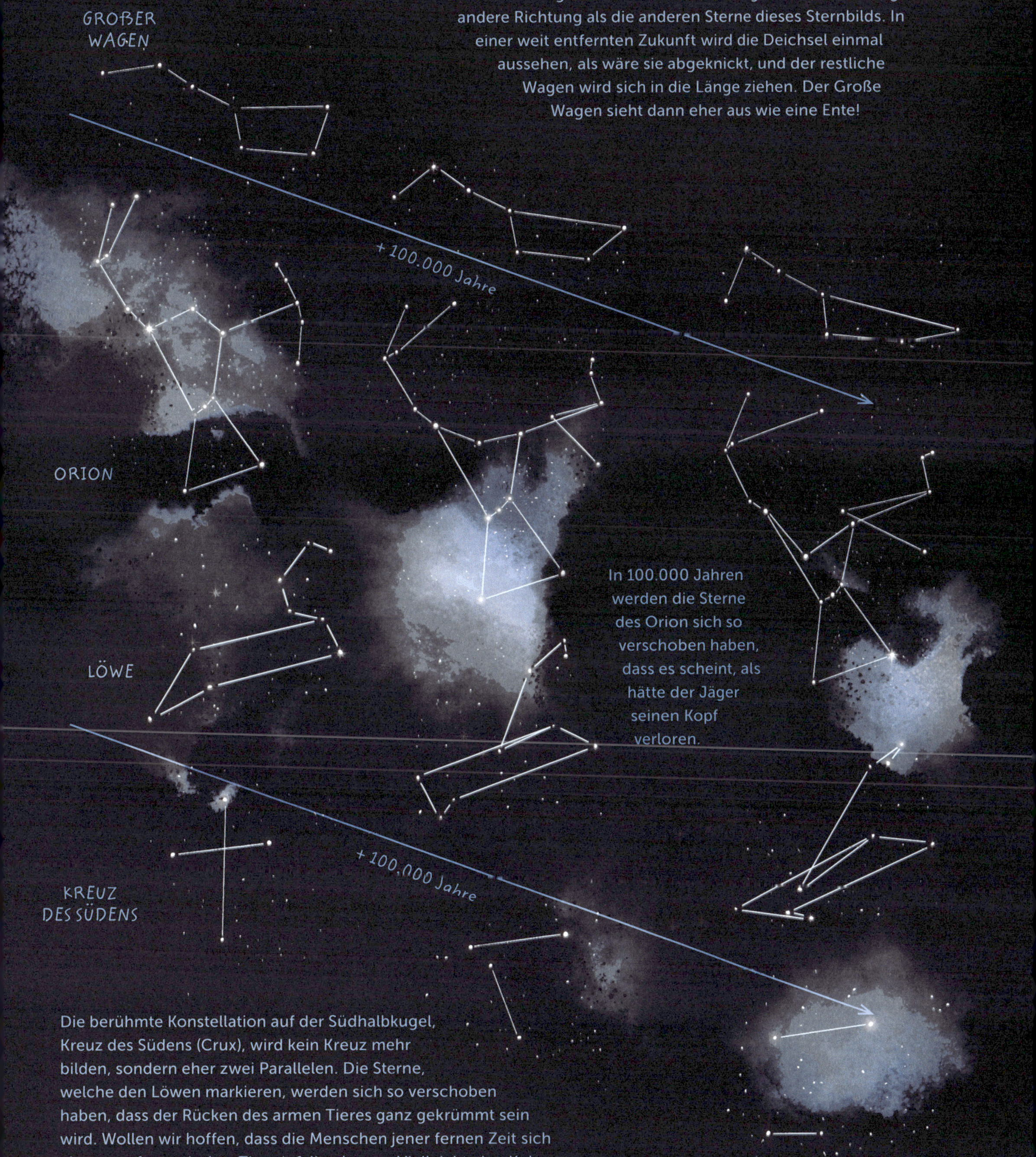

GROßER WAGEN

+ 100.000 Jahre

ORION

In 100.000 Jahren werden die Sterne des Orion sich so verschoben haben, dass es scheint, als hätte der Jäger seinen Kopf verloren.

LÖWE

+ 100.000 Jahre

KREUZ DES SÜDENS

Die berühmte Konstellation auf der Südhalbkugel, Kreuz des Südens (Crux), wird kein Kreuz mehr bilden, sondern eher zwei Parallelen. Die Sterne, welche den Löwen markieren, werden sich so verschoben haben, dass der Rücken des armen Tieres ganz gekrümmt sein wird. Wollen wir hoffen, dass die Menschen jener fernen Zeit sich ein neues fantastisches Tier einfallen lassen. Vielleicht eine Kobra, die sich aufgerollt hat, bereit zuzuschlagen!

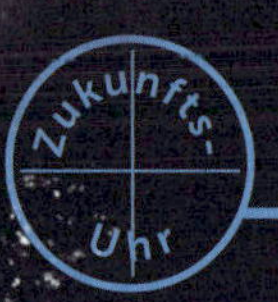




# Die Explosion von BETEIGEUZE

Wie alles in der Natur ist auch das Leben von Sternen endlich. Sie werden geboren, leben und sterben in einem Jahrmilliarden dauernden Zyklus. Dies wird als *Sternentwicklung* bezeichnet.

## Großer Balanceakt

Sterne sind riesige Bälle aus glühendem Gas, die durch die Schwerkraft zusammengehalten werden. Ein Stern muss sein ganzes Leben lang dagegen ankämpfen, damit er nicht unter dem Einfluss der eigenen Gravitationswirkung in sich zusammensackt. Dem entgegen wirkt der Druck aus seinem glühend heißen Zentrum, dem Kern. Der Kern ist der Motor des Sterns, in dem das Gas zusammengepresst und auf einer Temperatur von über 10 Millionen Grad Celsius gehalten wird.

In diesem zentralen Kraftwerk kommt es durch extremen Druck zu *Fusionsreaktionen* zwischen den Atomen, wobei eine enorme Menge an Energie freigesetzt wird. Diese Kernenergie kämpft gegen die Schwerkraft, die versucht, den Stern kollabieren zu lassen. Das hält den Stern in einem lebendigen, stabilen Gleichgewicht. Der Kampf zwischen der Schwerkraft, die nach innen zieht, und der aus den Fusionsreaktionen gewonnenen Energie, die nach außen drängt, treibt all die Milliarden von Sternen in unserer Galaxie an und sorgt dafür, dass sie lange, lange leuchten – aber nicht für immer.

Kernfusion im Sterninneren

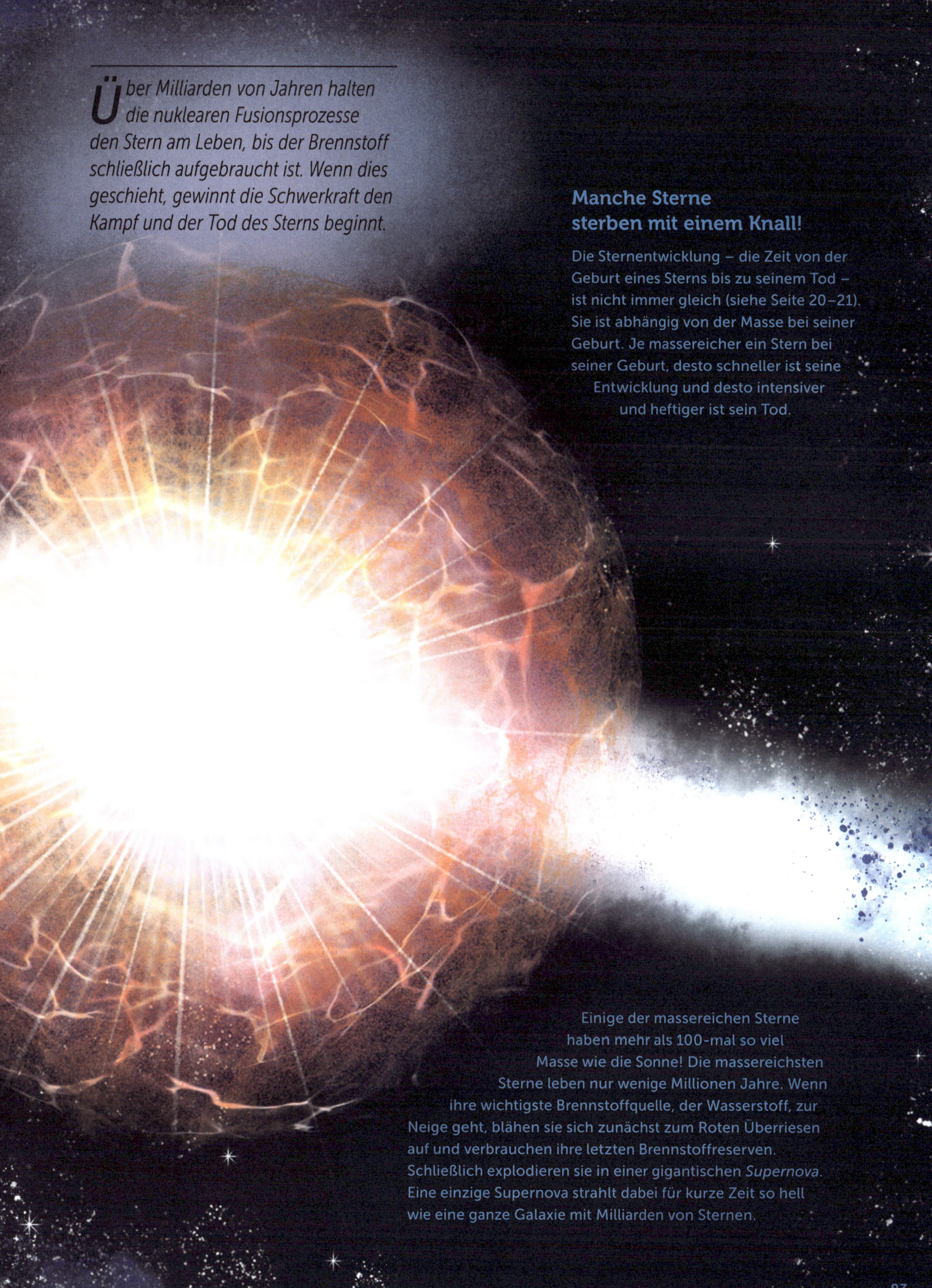

*Über Milliarden von Jahren halten die nuklearen Fusionsprozesse den Stern am Leben, bis der Brennstoff schließlich aufgebraucht ist. Wenn dies geschieht, gewinnt die Schwerkraft den Kampf und der Tod des Sterns beginnt.*

## Manche Sterne sterben mit einem Knall!

Die Sternentwicklung – die Zeit von der Geburt eines Sterns bis zu seinem Tod – ist nicht immer gleich (siehe Seite 20–21). Sie ist abhängig von der Masse bei seiner Geburt. Je massereicher ein Stern bei seiner Geburt, desto schneller ist seine Entwicklung und desto intensiver und heftiger ist sein Tod.

Einige der massereichen Sterne haben mehr als 100-mal so viel Masse wie die Sonne! Die massereichsten Sterne leben nur wenige Millionen Jahre. Wenn ihre wichtigste Brennstoffquelle, der Wasserstoff, zur Neige geht, blähen sie sich zunächst zum Roten Überriesen auf und verbrauchen ihre letzten Brennstoffreserven. Schließlich explodieren sie in einer gigantischen *Supernova*. Eine einzige Supernova strahlt dabei für kurze Zeit so hell wie eine ganze Galaxie mit Milliarden von Sternen.

## Beteigeuze ist instabil

Das Leben eines bekannten Sterns wird binnen der nächsten Millionen Jahre enden. Wir haben die rechte Schulter des Jägers Orion bereits kennengelernt. Sie wird von einem der hellsten Sterne am Nachthimmel markiert, Beteigeuze oder Alpha Orionis (siehe Seite 79). Beteigeuze ist ein sterbender, aufgeblähter Überriese.

Man geht davon aus, dass dieser Stern 20-mal mehr Masse als die Sonne hat und bis zu 1.000-mal breiter ist. Würde man Beteigeuze gegen die Sonne im Zentrum unseres Sonnensystems austauschen, würde er alle Planeten bis hin zum Mars mitsamt dem Asteroidengürtel verschlucken und das Sonnensystem fast bis zum Jupiter ausfüllen!

## Supernova am helllichten Tag

Astronom*innen erforschen Beteigeuze seit vielen Jahren und beobachten mit leistungsstarken Teleskopen, wie sich seine Helligkeit verändert. Mit ihrem Wissen über Sternenentwicklung und mithilfe von Computern haben sie berechnet (oder vorausgesagt), dass Beteigeuze innerhalb der nächsten Millionen Jahre in einer Supernova explodieren wird.

Wenn das geschieht, werden die Menschen auf der Erde Beteigeuze als sehr helles Leuchtfeuer am Himmel sehen. Sein Licht wird mindestens so hell strahlen wie das des Vollmonds und in der Nacht sogar Schatten werfen. Das wird ein spektakulärer Anblick am Himmel. 2 bis 3 Monate lang wird die Supernova sogar tagsüber zu sehen sein! Zum Glück ist Beteigeuze zu weit entfernt, als dass die Explosion dem Leben auf der Erde schaden könnte.

## Seltsame Überreste

Bei der Supernova werden alle äußeren Gas- und Staubschichten des gigantischen Sterns ins All geschleudert. Die Überreste werden noch viele Jahre lang sehr heiß bleiben, sich weit im Weltraum verstreuen und irgendwann das Rohmaterial für neue Sterne bilden. Das ist quasi kosmisches Recycling!

Nachdem alle äußeren Schichten von Beteigeuze weggesprengt wurden, bleibt den Astronom*innen zufolge ein extrem kompakter, seltsamer Stern zurück, der als *Neutronenstern* bekannt ist (weil er aus *Neutronen*, winzigen Teilchen, besteht). Diese sich sehr schnell drehenden Neutronensterne haben einen Radius von nur knapp 20 Kilometern.

# Zusammenstoß mit dem SONNENSYSTEM

Die Sterne, die du mit bloßem Auge am Nachthimmel sehen kannst, befinden sich alle in unserer Heimatgalaxie. Wie du bereits weißt, sind diese Sterne, einschließlich der Sonne, ständig in Bewegung. Sie bewegen sich auf fast kreisförmigen Bahnen um das Zentrum der Milchstraße, das so immens ist, dass die Sonne 230 Millionen Jahre für einen Umlauf benötigt.

Position der Sonne

Die Reise der Sterne um die Milchstraße verläuft aber mitnichten immer ruhig und geordnet. Die Milliarden von Sternen wackeln aufgrund der Gravitationskräfte, die zwischen ihnen wirken. Das heißt, sie ziehen auf ihrem Weg durch die Galaxie mal näher und mal weiter aneinander vorbei.

## Achtung, hier kommt Gliese 710

Im Dezember 2013 schickte die ESA ein Teleskop namens *Gaia* ins All. Es wurde entwickelt, um die Bewegung der Millionen von Sternen in unserer Galaxie zu messen. Einer dieser Sterne heißt *Gliese 710*. Er ist etwa halb so groß wie die Sonne und liegt fast 64 Lichtjahre entfernt im Sternbild *Schlange*.

Weltraum-teleskop Gaia

Unser Sonnensystem

Gliese 710 bewegt sich mit einer Geschwindigkeit von etwa 50.000 Stundenkilometern auf uns zu. In etwa 1,3 Millionen Jahren wird dieser Wandelstern in unser Sonnensystem eintauchen! Wenn er der Erde sehr nah ist, ist er als leuchtend oranges Objekt am Nachthimmel zu erkennen, das jeden anderen Stern in den Schatten stellt.

Der durchschnittliche Abstand von 150 Millionen Kilometern zwischen Sonne und Erde wird als Längenmaß in der Astronomie benutzt. Dies ist die sogenannte *Astronomische Einheit* (AE). Die Erde und die Sonne sind also 1 AE voneinander entfernt.

Astronom*innen haben berechnet, dass Gliese 710 in einer Entfernung von etwa 13.300 AE an unserem Sonnensystem vorbeiziehen wird. Das mag zwar sehr weit weg erscheinen, aber nach astronomischen Maßstäben ist das für einen Stern sehr nah.

Gliese 710 in vielen, vielen Jahren auf dem Weg zu uns

## Kometenregen

Unser Zusammenstoß mit Gliese wird noch ein paar weitere Rempeleien auslösen! Weit jenseits aller Planeten unseres Sonnensystems befindet sich eine riesige kugelförmige Wolke, die aus eisigem Material und Gestein besteht. Sie ist die Heimat von Billionen gefrorener Kometen: die *Oortsche Wolke*, benannt nach dem niederländischen Astronomen Jan Oort, der als Erster erkannte, dass dieser große Außenposten des Sonnensystems ein Ursprungsort der Kometen sein könnte.

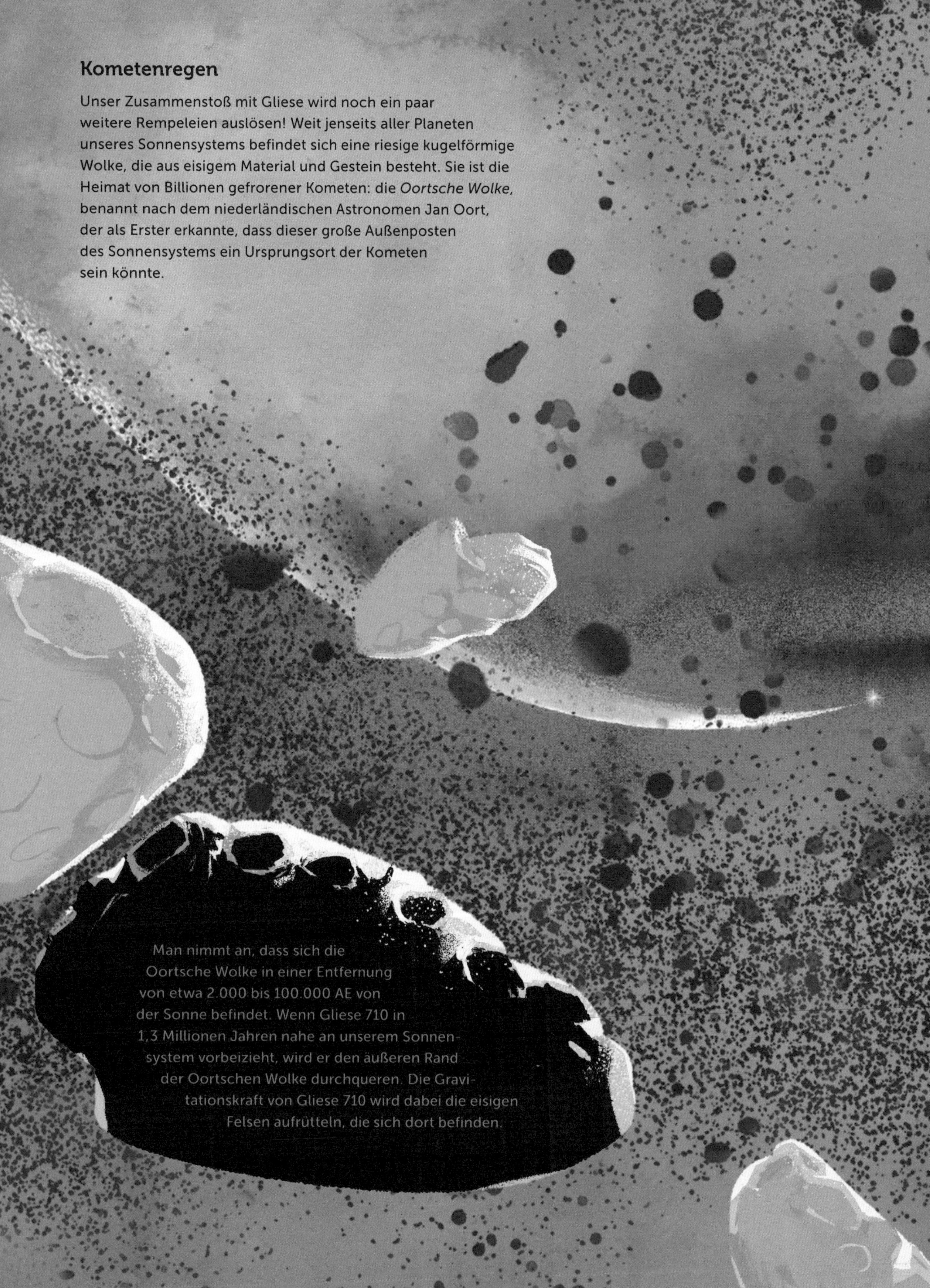

Man nimmt an, dass sich die Oortsche Wolke in einer Entfernung von etwa 2.000 bis 100.000 AE von der Sonne befindet. Wenn Gliese 710 in 1,3 Millionen Jahren nahe an unserem Sonnensystem vorbeizieht, wird er den äußeren Rand der Oortschen Wolke durchqueren. Die Gravitationskraft von Gliese 710 wird dabei die eisigen Felsen aufrütteln, die sich dort befinden.

Gliese 710 wird einen Kometenregen in der Oortschen Wolke auslösen, der ins innere Sonnensystem gelangt. Astronom*innen schätzen, dass pro Jahr etwa 10 neue Kometen in die Nähe der Planeten und der Sonne geschleudert werden und dass diese Parade einige Millionen Jahre andauern könnte! Einige Kometen werden von Jupiters Schwerkraft mitgerissen, andere werden die Sonne in wiederholten Bahnen umkreisen. Einige könnten sogar aus dem Sonnensystem hinausgeschleudert werden.

# MARS bekommt einen RING

**Die acht Planeten unseres Sonnensystems können je nach Größe und Beschaffenheit in zwei Haupttypen aufgeteilt werden.**

Der Mars zählt zu den vier *Gesteinsplaneten* (siehe Seite 24–27). Diese erdähnlichen Planeten bestehen hauptsächlich aus Stein, besitzen eine feste Oberfläche und einen metallischen Kern.

MERKUR

Die vier *Gasriesen* gehören zum äußeren Sonnensystem, bestehen hauptsächlich aus Wasserstoff und Helium und haben keine feste Oberfläche.

Jupiter, der größte aller Planeten, hat einen mehr als 10-mal größeren Durchmesser als die Erde.

*Merkur, der kleinste Planet, ist 2,5-mal kleiner als die Erde. Um das Volumen des Jupiters auszufüllen, müsste man den Merkur fast 24.500-mal hineinstecken!*

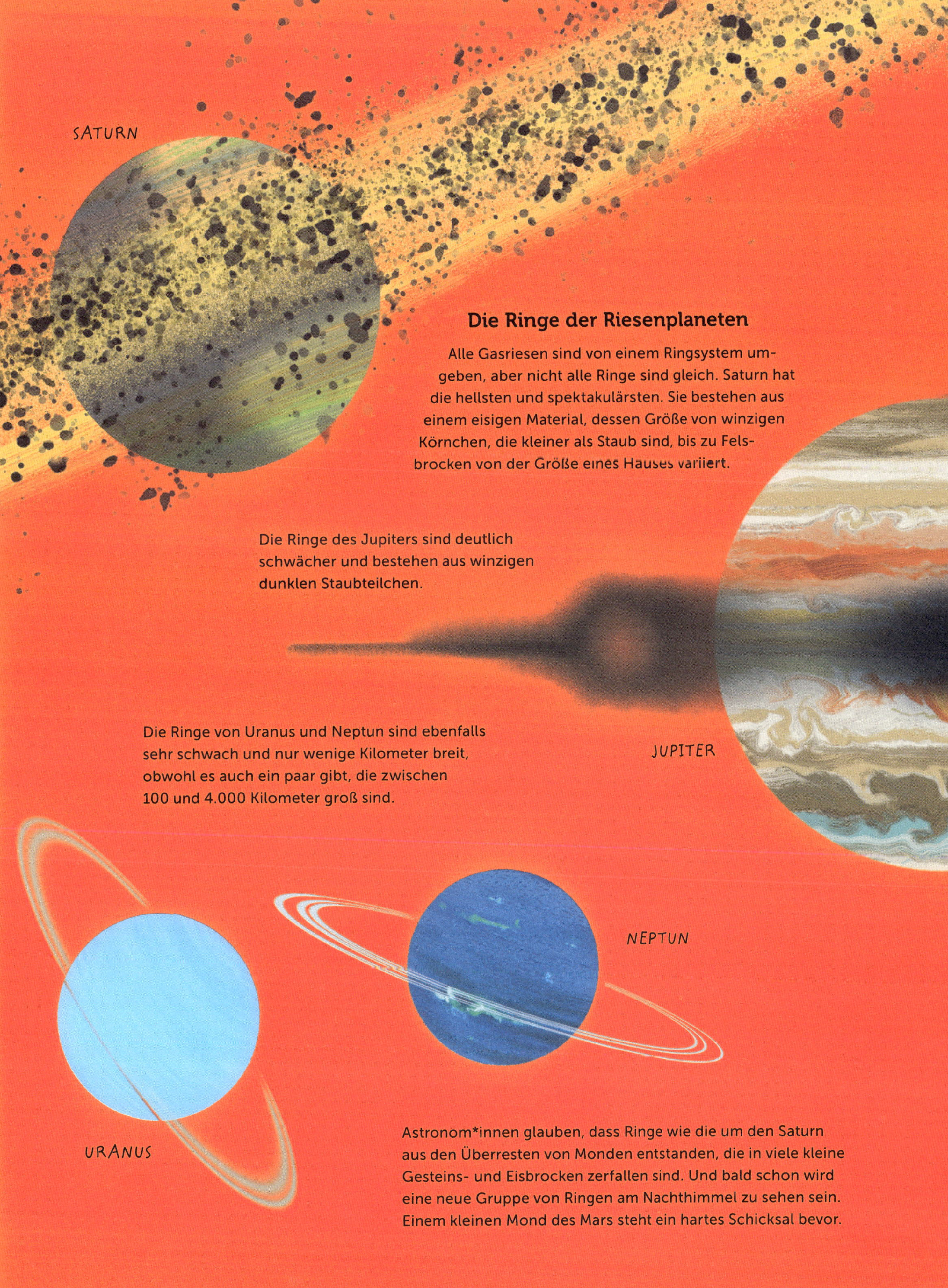


## Die Ringe der Riesenplaneten

Alle Gasriesen sind von einem Ringsystem umgeben, aber nicht alle Ringe sind gleich. Saturn hat die hellsten und spektakulärsten. Sie bestehen aus einem eisigen Material, dessen Größe von winzigen Körnchen, die kleiner als Staub sind, bis zu Felsbrocken von der Größe eines Hauses variiert.

Die Ringe des Jupiters sind deutlich schwächer und bestehen aus winzigen dunklen Staubteilchen.

Die Ringe von Uranus und Neptun sind ebenfalls sehr schwach und nur wenige Kilometer breit, obwohl es auch ein paar gibt, die zwischen 100 und 4.000 Kilometer groß sind.

Astronom*innen glauben, dass Ringe wie die um den Saturn aus den Überresten von Monden entstanden, die in viele kleine Gesteins- und Eisbrocken zerfallen sind. Und bald schon wird eine neue Gruppe von Ringen am Nachthimmel zu sehen sein. Einem kleinen Mond des Mars steht ein hartes Schicksal bevor.

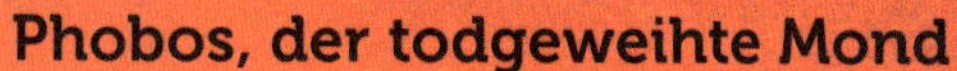

## Phobos, der todgeweihte Mond

Der Mars hat zwei winzige Monde, *Phobos* und *Deimos*. Der größere von beiden, Phobos, hat eine seltsame, kartoffelähnliche Form und einen Durchmesser von 22 Kilometern, während Deimos 13 Kilometer breit ist. Die beiden Marsmonde zählen zu den kleinsten Monden im Sonnensystem.

Selbst vom Mars aus gesehen wirken Phobos und Deimos deshalb eher wie ferne Sterne und nicht wie Monde. Durch Raumsonden, die an den Monden vorbeigeflogen sind, wissen wir, dass sie eine unebene, stark zerklüftete Oberfläche mit vielen losen Steinen haben.

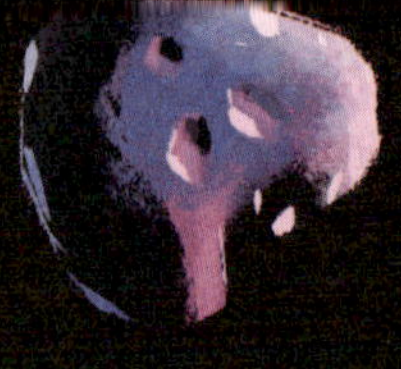


Phobos

Phobos umkreist den Mars 3-mal pro Marstag mit einem Durchschnittsabstand von nur etwa 9.300 Kilometern. Doch das Schicksal des kleinen Marsmondes ist besiegelt: Phobos wird nicht ewig um den Planeten kreisen, denn er bewegt sich mit einer Geschwindigkeit von 1,8 Metern pro Jahrhundert langsam, aber sicher auf den Mars zu.

## Von der Schwerkraft zerrissen

Je näher Phobos dem Mars kommt, desto stärker wird die Schwerkraft des Planeten auf ihn einwirken. Da Phobos eine unregelmäßige, klumpige Form hat, wirken die Kräfte der Marsgravitation an verschiedenen Stellen des kleinen Mondes unterschiedlich stark. In etwa 50 Millionen Jahren werden sie so stark sein, dass sie Phobos zerschmettern und in kleine Stücke zerreißen werden.

Trümmer, Felsen und Staub des zerstörten Mondes werden in die Umlaufbahn um den Mars eintreten. Wenn sie sich ausbreiten, wird der Mars der erste Gesteinsplanet im Sonnensystem sein, der einen Ring hat! Dieser wird sehr dunkel und schwach sein, so ähnlich wie jener des Jupiters.

Allzu lang wird der Ring allerdings nicht bestehen. Astronom*innen gehen davon aus, dass er eine Lebensdauer von weniger als 100 Millionen Jahren hat. Die Trümmer, aus denen der Ring besteht, werden nach und nach auf die Marsoberfläche stürzen und viele neue Krater entlang des Äquators hinterlassen.

Die Raumsonde, die zum Phobos geschickt wurde, sandte Bilder, die zeigen, dass der Marsmond bereits Risse aufweist, die unter dem Druck der Schwerkraft entstanden. Diese frühen Anzeichen eines langsamen Auseinanderbrechens sind als lange Rillen auf der Oberfläche zu erkennen.

# Das Ende der SONNEN-FINSTERNISSE

Eine totale Sonnenfinsternis ist eines der schönsten Naturschauspiele. Sie entsteht, wenn sich der Mond zwischen die Erde und die Sonne schiebt. Beim perfekten Zusammenspiel der drei Himmelskörper verdeckt der Mond das helle Licht der Sonne vollständig und wirft seinen Mondschatten auf die Erde.

Diejenigen, die das Glück haben, im Kernschattenbereich zu sein, erleben den spektakulären Anblick einer totalen Sonnenfinsternis. Für etwa 2 bis 3 Minuten verdunkelt sich der Taghimmel, als wäre es Nacht, und man kann sogar andere Sterne sehen! Nach dieser kurzen Zeit verschwindet der Mond und gibt den Blick auf die Sonne wieder frei. Das Schauspiel ist beendet.

Eine totale Sonnenfinsternis ist ein seltenes Schauspiel. Obwohl sich etwa alle 18 Monate irgendwo eine ereignet, erleben die meisten Menschen sie nur einmal im Leben. Es kann zwischen 360 und 400 Jahre dauern, bis sich eine totale Sonnenfinsternis an genau demselben Ort wiederholt, also zum Beispiel dort, wo du wohnst.

## Ein echter Glücksfall!

Die Sonne ist im Durchmesser etwa 400-mal größer als der Mond. Es ist also ein unglaublicher Glücksfall, wenn beide Objekte von der Erde aus gesehen etwa gleich groß erscheinen. Das liegt daran, dass die Sonne zwar 400-mal größer, aber auch 400-mal weiter von uns entfernt ist als der Mond. Wäre der Mond etwas größer oder würde er etwas näher an der Erde kreisen, wären die Finsternisse nicht ganz so beeindruckend.

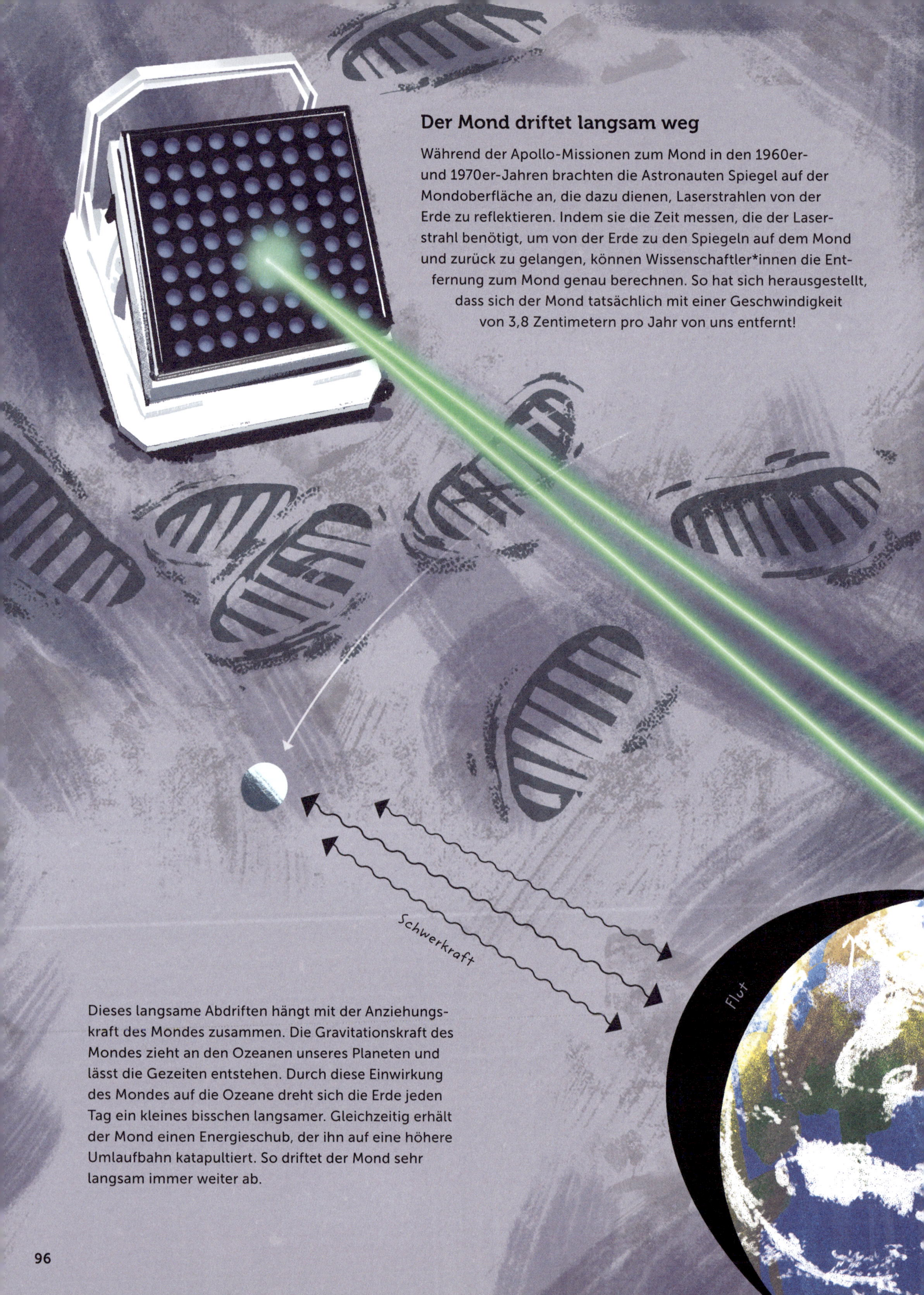


## Der Mond driftet langsam weg

Während der Apollo-Missionen zum Mond in den 1960er- und 1970er-Jahren brachten die Astronauten Spiegel auf der Mondoberfläche an, die dazu dienen, Laserstrahlen von der Erde zu reflektieren. Indem sie die Zeit messen, die der Laserstrahl benötigt, um von der Erde zu den Spiegeln auf dem Mond und zurück zu gelangen, können Wissenschaftler*innen die Entfernung zum Mond genau berechnen. So hat sich herausgestellt, dass sich der Mond tatsächlich mit einer Geschwindigkeit von 3,8 Zentimetern pro Jahr von uns entfernt!

Dieses langsame Abdriften hängt mit der Anziehungskraft des Mondes zusammen. Die Gravitationskraft des Mondes zieht an den Ozeanen unseres Planeten und lässt die Gezeiten entstehen. Durch diese Einwirkung des Mondes auf die Ozeane dreht sich die Erde jeden Tag ein kleines bisschen langsamer. Gleichzeitig erhält der Mond einen Energieschub, der ihn auf eine höhere Umlaufbahn katapultiert. So driftet der Mond sehr langsam immer weiter ab.

### Das Ende der Sonnenfinsternisse

Wenn sich der Mond weiter von der Erde entfernt, wird er von uns aus gesehen immer kleiner erscheinen. Irgendwann in ferner Zukunft wird er dann zu winzig sein, um die Sonne ganz zu verdecken.

Astronom*innen haben errechnet, dass das Ende der großen Finsternisse etwa 600 Millionen Jahre in der Zukunft liegt. In etwa 1,2 Milliarden Jahren werden selbst partielle Sonnenfinsternisse ein Ende finden. Dann wird der Mond zu weit von der Erde entfernt sein, um auch nur einen Schatten auf ihre Oberfläche zu werfen.

*In weiter Zukunft (in Milliarden von Jahren) wird sich die Drehung der Erde so stark verlangsamt haben, dass ein Tag über 1.000 Stunden dauern und der Mond nur noch von einer Seite der Erde aus sichtbar sein wird.*

# Die große ANDROMEDA-MILCHSTRAẞEN-KOLLISION

Eine Galaxie ist eine riesige Ansammlung von Sternen, Gas, Staub und einer geheimnisvollen Substanz (auch als Dunkle Materie bekannt), welche durch die Schwerkraft zusammengehalten werden. In unserer Heimatgalaxie, der Milchstraße, ist die Sonne nur einer von etwa 250 Milliarden Sternen, die sich um ihren Mittelpunkt drehen. Genau im Zentrum unserer Galaxie befindet sich ein supermassereiches Schwarzes Loch mit einer Masse von beinahe 4 Millionen Sonnen!

## Galaxienhaufen

Galaxien existieren nur selten allein im Weltraum, sondern sind meist Teil einer *Galaxiengruppe* oder eines *Galaxienhaufens*. Die Milchstraße ist eine von etwa 50 Galaxien, die zusammen eine sogenannte *Lokale Gruppe* bilden. Die Galaxien dieser Ansammlung sind über eine Region von fast 10 Millionen Lichtjahren Durchmesser verteilt. Verbunden sind sie durch ihre Gravitationskräfte, die sie in unterschiedliche Richtungen ziehen. Die beiden größten und massereichsten Spiralgalaxien, unsere Milchstraße und die Andromedagalaxie, dominieren die Lokale Gruppe.

*Es gibt Billionen anderer Galaxien im Universum, von denen manche unserer ähneln und manche völlig anders sind.*

## Unser riesiger Nachbar

Die Andromedagalaxie ist etwa 2,5 Millionen Lichtjahre von uns entfernt und erscheint im Sternbild Andromeda am Nachthimmel (siehe Seite 59). Mit einem Durchmesser von 220.000 Lichtjahren ist sie fast doppelt so breit wie die Milchstraße. Astronom*innen vermuten, dass die Massen der beiden Galaxien trotz des Größenunterschieds in etwa gleich sind – circa eine Billion Mal größer als die der Sonne. Im Zentrum der Andromedagalaxie befindet sich ein noch massiveres Schwarzes Loch als in der Milchstraße, mit einer Masse von mehr als 30 Millionen Sonnenmassen.

## Auf dem Weg zu uns

Mit leistungsstarken Teleskopen wie dem Hubble-Weltraumteleskop und dem Weltraumobservatorium Gaia haben Astronom*innen die Sterne in der Andromeda-Galaxie sorgfältig vermessen. Ihre Untersuchungen zeigen, dass die beiden Galaxien aufeinander zusteuern.

Aufgrund ihrer enormen Anziehungskraft bewegen sich die beiden massereichen Galaxien mit einer Geschwindigkeit von etwa 402.000 Kilometern pro Stunde aufeinander zu. Je näher sie sich kommen, desto mehr beschleunigen sie.

## Super-Crash

In etwa 4,5 Milliarden Jahren wird die Andromedagalaxie schließlich mit der Milchstraße zusammenstoßen. Wahrscheinlich handelt es sich dabei eher um ein kosmisches Streifen als um einen Frontalzusammenstoß. Nach der ersten Kollision werden die beiden Galaxien einander immer wieder umkreisen und anziehen, gefangen in einem Tanz der Schwerkraft. Jedes Mal, wenn sie sich streifen, werden Sterne in langen Bahnen wie Luftschlangen durch den Raum geschleudert.

Ein paar Milliarden Jahre nach der ersten Kollision werden die Andromedagalaxie und die Milchstraße vollständig zu einer einzigen riesigen Galaxie verschmolzen sein. Durch die Fusion der beiden zentralen Schwarzen Löcher wird die neue Megagalaxie ein noch größeres supermassives Schwarzes Loch in ihrem Zentrum haben.

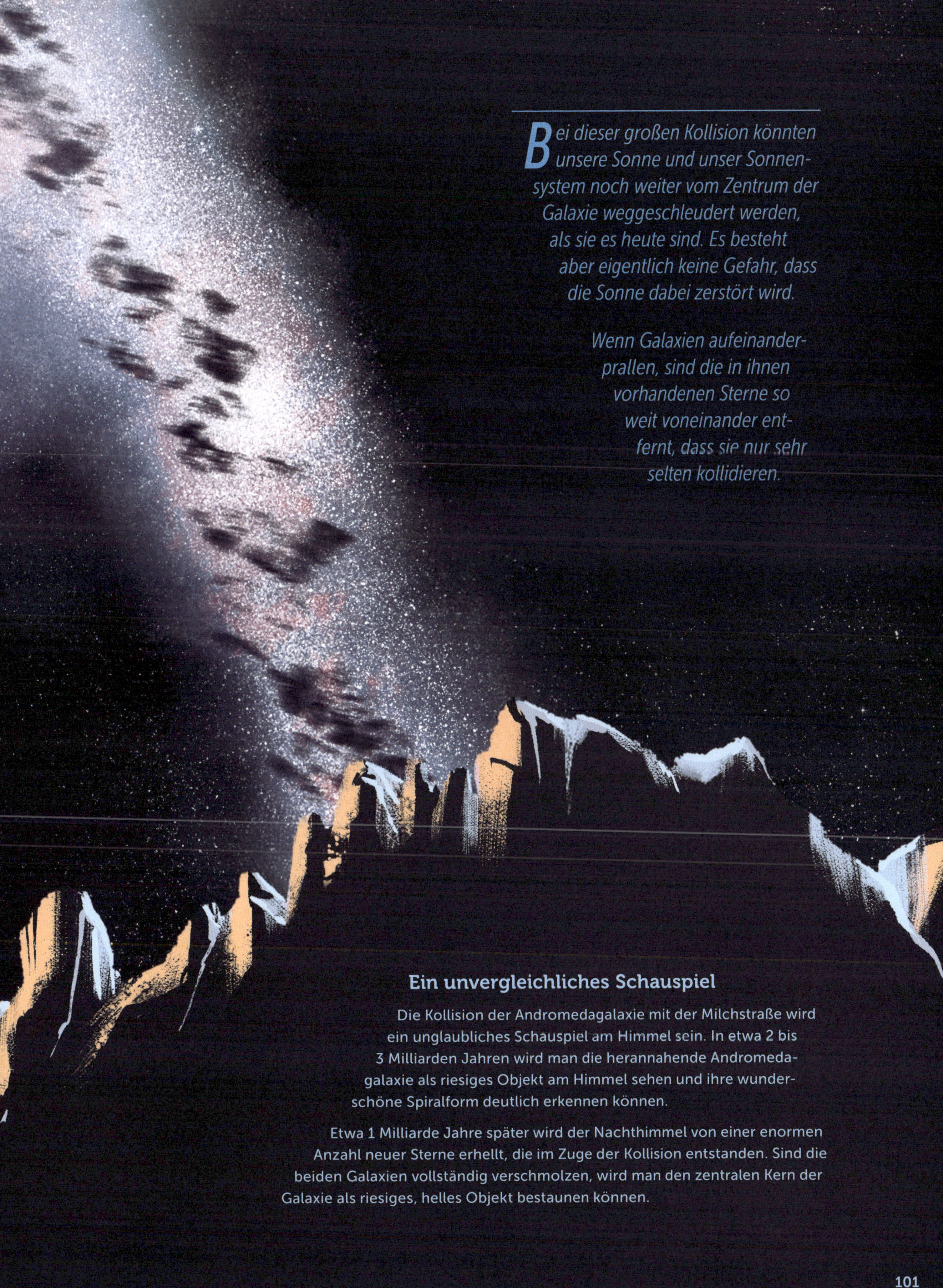

*Bei dieser großen Kollision könnten unsere Sonne und unser Sonnensystem noch weiter vom Zentrum der Galaxie weggeschleudert werden, als sie es heute sind. Es besteht aber eigentlich keine Gefahr, dass die Sonne dabei zerstört wird.*

*Wenn Galaxien aufeinanderprallen, sind die in ihnen vorhandenen Sterne so weit voneinander entfernt, dass sie nur sehr selten kollidieren.*

## Ein unvergleichliches Schauspiel

Die Kollision der Andromedagalaxie mit der Milchstraße wird ein unglaubliches Schauspiel am Himmel sein. In etwa 2 bis 3 Milliarden Jahren wird man die herannahende Andromedagalaxie als riesiges Objekt am Himmel sehen und ihre wunderschöne Spiralform deutlich erkennen können.

Etwa 1 Milliarde Jahre später wird der Nachthimmel von einer enormen Anzahl neuer Sterne erhellt, die im Zuge der Kollision entstanden. Sind die beiden Galaxien vollständig verschmolzen, wird man den zentralen Kern der Galaxie als riesiges, helles Objekt bestaunen können.

# Eine ROTE RIESENSONNE

Auf den Seiten 84–85 haben wir gesehen, dass der massereiche Stern Beteigeuze sein Leben in einer gewaltigen Supernova-Explosion beenden wird. Unser Stern, die Sonne, hat eine viel geringere Masse als Beteigeuze; er ist quasi ein Zwergstern. Wie alle leichtgewichtigen Sterne steuert auch die Sonne auf ein weniger dramatisches Ende zu.

In den letzten 4,6 Milliarden Jahren war die Sonne im Gleichgewicht. Die Energie aus ihren Fusionsreaktionen sorgt dafür, dass sie leuchtet und das Sonnensystem erwärmt. Doch wie bei Beteigeuze und allen anderen Sternen hält auch die Materie im Kern der Sonne nicht ewig.

### Ausgedehnt und aufgebläht

Die Sonne hat ihren Brennstoff etwa zur Hälfte verbraucht. In 5 Milliarden Jahren wird er verbraucht sein. Dann wird die Schwerkraft den alternden Stern zusammenpressen, wodurch sich die Sonne immer mehr erhitzt.

Die freigesetzte Energie breitet sich nach außen aus, sodass sich die oberen Schichten der Sonne wie ein riesiger Ballon aufblähen und ausdehnen. Sterne wie die Sonne können dabei eine Größe von 100 Millionen bis zu 1 Milliarde Kilometer im Durchmesser erreichen. (Im Vergleich dazu beträgt der Durchmesser der Sonne heute nur 1,4 Millionen Kilometer.)

Da sich die Energie der Sonne dann auf eine viel größere Fläche verteilt, wird ihre Temperatur kühler und erreicht an der Oberfläche nur noch rund 3.000 Grad Celsius. Das ist etwa halb so heiß wie heute.

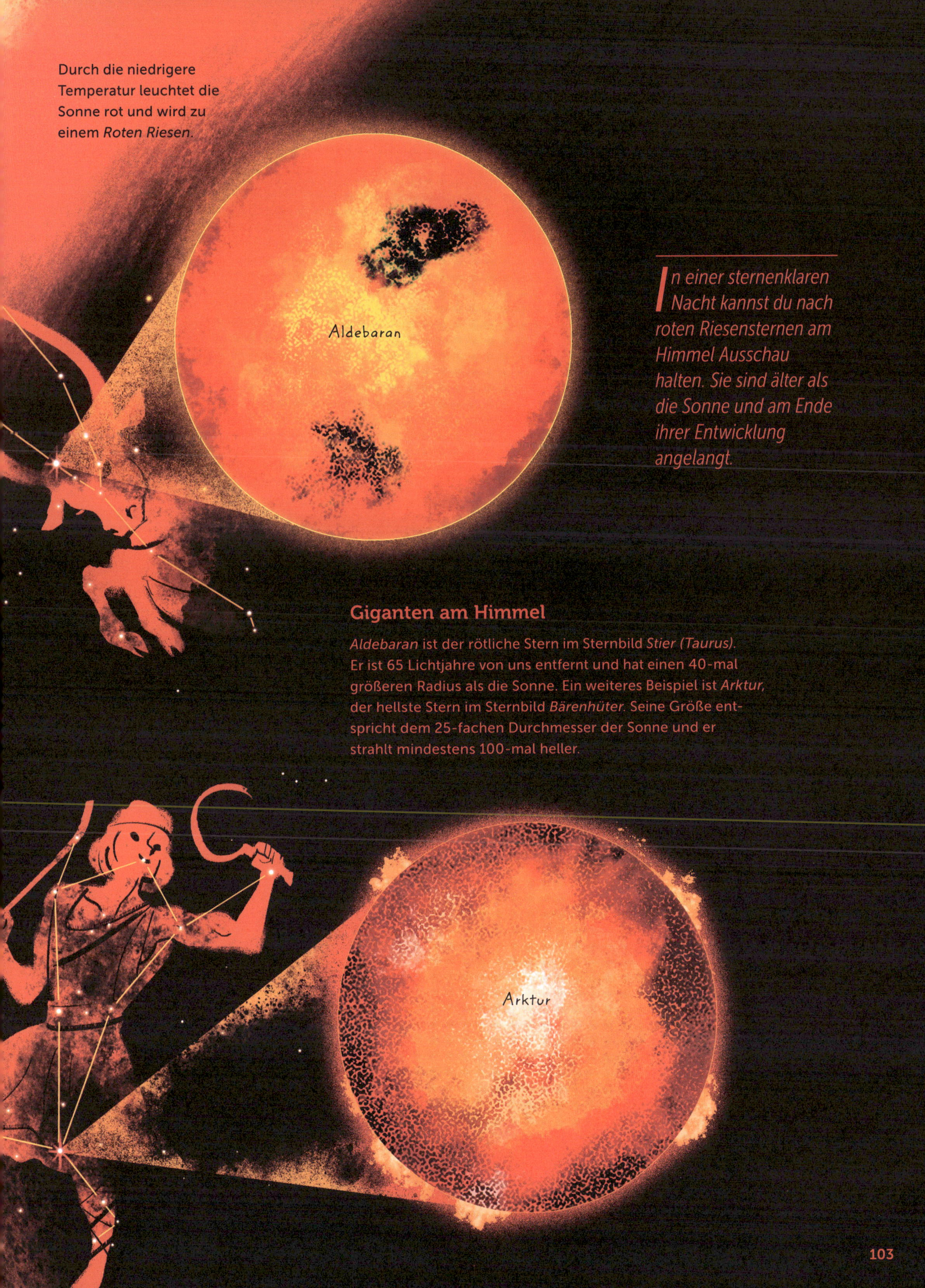


Durch die niedrigere Temperatur leuchtet die Sonne rot und wird zu einem *Roten Riesen*.

*In einer sternenklaren Nacht kannst du nach roten Riesensternen am Himmel Ausschau halten. Sie sind älter als die Sonne und am Ende ihrer Entwicklung angelangt.*

## Giganten am Himmel

*Aldebaran* ist der rötliche Stern im Sternbild *Stier (Taurus)*. Er ist 65 Lichtjahre von uns entfernt und hat einen 40-mal größeren Radius als die Sonne. Ein weiteres Beispiel ist *Arktur*, der hellste Stern im Sternbild *Bärenhüter*. Seine Größe entspricht dem 25-fachen Durchmesser der Sonne und er strahlt mindestens 100-mal heller.

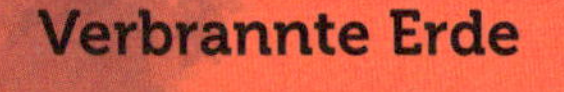

## Verbrannte Erde

Wenn die Sonne in mehr als 5 Milliarden Jahren zu einem roten Riesenstern anschwillt, wird sie die beiden nächstgelegenen Planeten Merkur und Venus verschlingen.

Astronom*innen haben berechnet, dass der Radius der Sonne bei ihrer größten Ausdehnung 250-mal größer sein könnte als heute. In diesem Fall würde sogar die Erde absorbiert.

Erde

Sobald die Erde in die Atmosphäre der Sonne eintritt, verdampft die Erdkruste und der Erdmantel löst sich auf, bis schließlich der ganze Planet verglüht ist. Der Rest nähert sich in spiralförmigen Bahnen immer weiter der Sonne an.

Rote Riesensonne

Es besteht die Möglichkeit, dass die Umlaufbahn der Erde sich leicht nach außen verschiebt, bevor der Rote Riese sie verschlingt. Doch selbst wenn die Erde ihm entfliehen kann, würden die unglaublich hohen Temperaturen sie vernichten. Die Ozeane würden verdampfen und die Atmosphäre abgetragen – ein Überleben wäre unmöglich. Die Erde würde als brodelnder, geschmolzener Ball zurückbleiben.

## Ein neues Zuhause?

Die gute Nachricht ist, dass die Hitze der sich über das innere Sonnensystem ausdehnenden roten Riesensonne einige der eisigen Objekte erwärmen wird, die in den äußeren Teilen des Sonnensystems liegen. Europa, der kleine Jupitermond, und Enceladus, der Eismond des Saturn, beherbergen große Mengen an Schneematsch unter ihrer eisigen Oberfläche.

Die sich ausdehnende Hitze der Sonne könnte diese beiden Trabanten in riesige Ozeane verwandeln und sie so möglicherweise zu neuen Lebensorten für die Menschen der Zukunft machen. Es könnte allerdings auch sein, dass sie aufgrund der Hitze vollständig im Wasser versinken!

Der weiter entfernte Zwergplanet Pluto könnte Oberflächentemperaturen entwickeln, die der heutigen Durchschnittstemperatur auf der Erde ähnlich wären, sodass auch dort möglicherweise Menschen leben könnten.

# Der TOD der SONNE

Nachdem sich die Sonne in einen Roten Riesen verwandelt hat, tritt sie in die letzte Phase ihres Milliarden Jahre dauernden Lebenszyklus ein. Die Rote-Riesen-Phase beträgt etwa ein Zehntel ihres Lebens. Danach beginnt eine neue Phase, in der die Sonne nicht mehr stabil ist und viele Erschütterungen und Veränderungen in ihrem Licht erfährt.

## Blubbernder Roter Riese

Die äußeren Schichten der Sonne werden in den nächsten Milliarden Jahren vollständig abgestoßen und hinterlassen den extrem dichten Kern. Die ausgestoßenen Gasschichten leuchten in wunderschönen Farben. Dazu nutzen sie die im heißen Kern zurückgebliebene Energie.

Die abgestoßenen Gasschichten formen einen wunderschönen planetarischen Nebel. Der Name führt ein wenig in die Irre, denn es gibt in diesen Nebeln keine Planeten, doch wenn man sie durch ein Teleskop betrachtet, erinnert ihre Form ein wenig an ebensolche.

Gerade jetzt kann man am Nachthimmel viele Sterne beobachten, die diese Phase ihrer Sternenentwicklung erreicht haben.

Zum Beispiel den *Katzenaugennebel* im Sternbild *Drache* am Nordsternhimmel oder den *Schmetterlingsnebel* im Sternbild *Skorpion*. Diese spektakulären Objekte im Weltraum begeistern mit atemberaubenden Farben und Formen.

## Zertrümmerte Überreste

Als Nächstes stößt die Sonne ihre abgeplatzten äußeren Schichten ins All. In etwa 8 Milliarden Jahren wird nur noch ihr Kern übrig sein, der von der Schwerkraft inmitten des planetarischen Nebels zusammengepresst wird. Dieser Überrest besteht hauptsächlich aus Kohlenstoff und Sauerstoff und ist etwa so groß wie die heutige Erde.

Zurück bleibt ein *Weißer Zwerg*. Die Teilchen in seinem Inneren sind so dicht, dass ein Teelöffel dieses Materials auf der Erde mehr wiegen würde als ein Elefant!

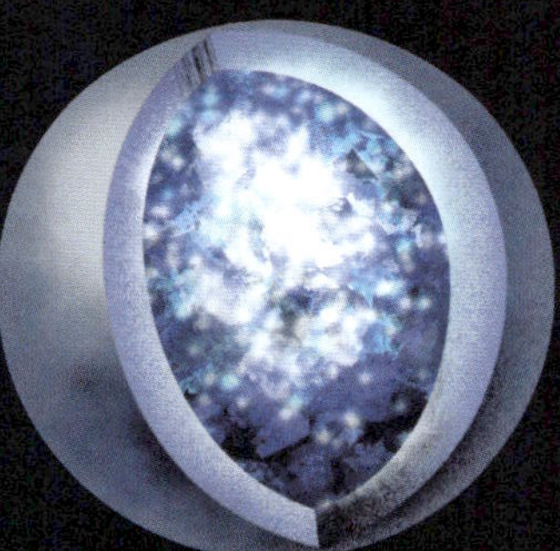

## Himmlische Diamanten

Der tote Stern kühlt weiter ab und verglüht wie ein Stück Kohle, bis er nach weiteren Millionen Jahren für immer erlischt. Während er sich in ein dunkles, kaltes Objekt verwandelt, gefrieren die Kohlenstoff- und Sauerstoffteilchen, aus denen der Weiße Zwerg besteht, und bilden Kristalle. Kalter Kohlenstoff kann zu Diamanten kristallisieren. Es könnte also sein, dass unsere Sonne ihr Leben als erdgroßer Diamant am Himmel beendet!

# Haufenweise GALAXIEN

Das gesamte Universum besteht aus einer Vielzahl von Galaxien (siehe Seite 60–61). Schätzungen zufolge gibt es zwischen 100 Milliarden und 2 Billionen von ihnen im Universum und jede enthält Milliarden von Sternen. Die vielen Galaxien sind Millionen bis Milliarden von Lichtjahren von uns entfernt.

Astronom*innen nutzen große, leistungsstarke Teleskope, um die Standorte der vielen Millionen Galaxien zu kartieren und einen Gesamtplan des Universums zu erstellen. Ihre Messungen zeigen, dass die meisten Galaxien in Gruppen und Haufen organisiert sind, wobei die Schwerkraft wie ein Klebstoff wirkt, der sie lose zusammenhält.

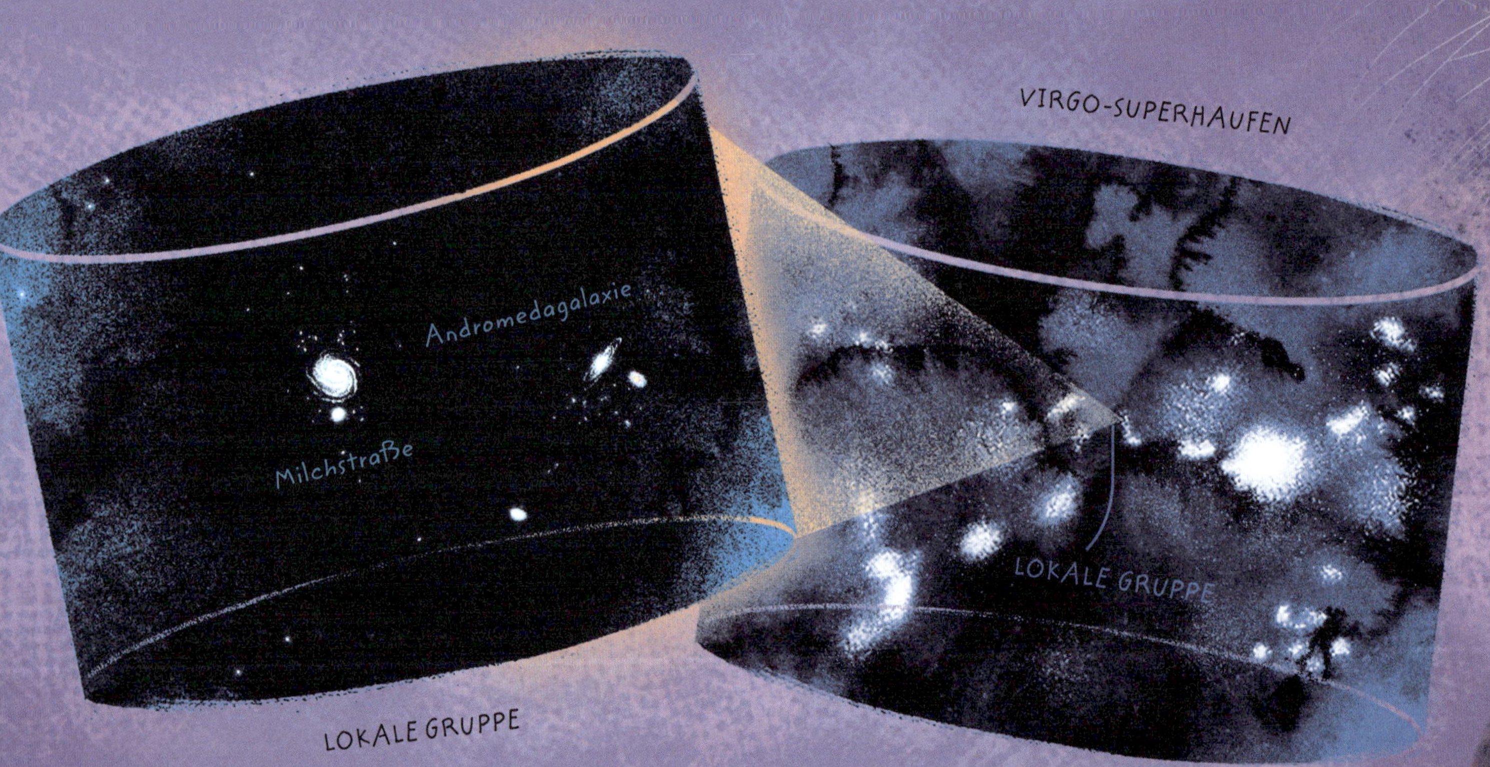


## Strukturiertes Weltall

Auf Seite 98 haben wir gelernt, dass die Milchstraße Teil einer Gruppe von etwa 50 Galaxien ist, darunter die prächtige Andromedagalaxie. Man hat herausgefunden, dass Galaxienhaufen wie die Lokale Gruppe von vielen weiteren Galaxiengruppen umgeben sind und zusammen weitere erkennbare, übergeordnete Strukturen bilden.

Die Lokale Gruppe ballt sich, zusammen mit Hunderten von anderen Galaxienhaufen, zu einem überdimensionalen Haufen namens *Virgo-Superhaufen*. Dieser Supergalaxienhaufen erstreckt sich über einen Bereich des Weltalls mit einem Durchmesser von mehr als 100 Millionen Lichtjahren.

Das Universum ist so groß, dass auch der Virgo-Superhaufen wiederum Teil eines noch größeren Haufens namens *Laniakea* ist, zu dem noch weitere Superhaufen gehören. Laniakea hat einen Durchmesser von etwa 500 Millionen Lichtjahren und zählt das 100-Millionen-Milliardenfache der Sonnenmasse.

Deine vollständige Adresse im Universum würde also wie folgt lauten:

*Stell dir das Universum als ein netzartiges Gebilde aus Galaxien vor, mit wabenartigen Strukturen, die sich über Milliarden von Lichtjahren erstrecken.*

## Ein Zusammentreffen

Der Virgo-Superhaufen hat die ungefähre Form eines flachen Rugbyballs. In der Nähe des Zentrums befindet sich ein Haufen aus etwa 2.000 Galaxien.

In seiner Nähe liegen andere Galaxienhaufen verstreut, die Lokale Gruppe (einschließlich der Milchstraße) liegt weiter am Rand des Virgo-Superhaufens. Zwischen den einzelnen Galaxien wirkt eine enorme Anziehungskraft und über einen langen Zeitraum hinweg wird die Materie in den Haufen immer enger zusammenrücken.

Mithilfe astronomischer Erkenntnisse und der Kartierung von Galaxienbewegungen konnte nachgewiesen werden, dass es viele der Galaxien von den äußeren Rändern der Superhaufen nach innen zieht. Daraus lässt sich ableiten, dass sich in etwa 100 Milliarden Jahren die gesamte Materie des Virgo-Superhaufens zu einer einzigen riesigen Masse von Sternen zusammengezogen haben wird.

## Der Große Attraktor

Die Superhaufen der Galaxien bewegen sich also aufeinander zu. Aber es gibt noch eine seltsame massereiche Struktur im Universum: den *Großen Attraktor*. Er hat eine Masse von 10 Billiarden Sonnenmassen, was Zehntausenden von Milchstraßen entspricht. Seine Gravitationskraft ist so stark, dass er sogar noch Galaxien in einem Bereich von Hunderten von Millionen von Lichtjahren anzieht.

Unser gesamter Superhaufen bewegt sich ebenfalls auf den Großen Attraktor zu. Er ist schätzungsweise bis zu 250 Millionen Lichtjahre entfernt, aber es ist unklar, was sich dort wirklich befindet. Da sich in der Milchstraße viel Gas, Staub und Sterne aufhalten, wird unser Blick auf diese Region getrübt und bleibt ein Geheimnis.

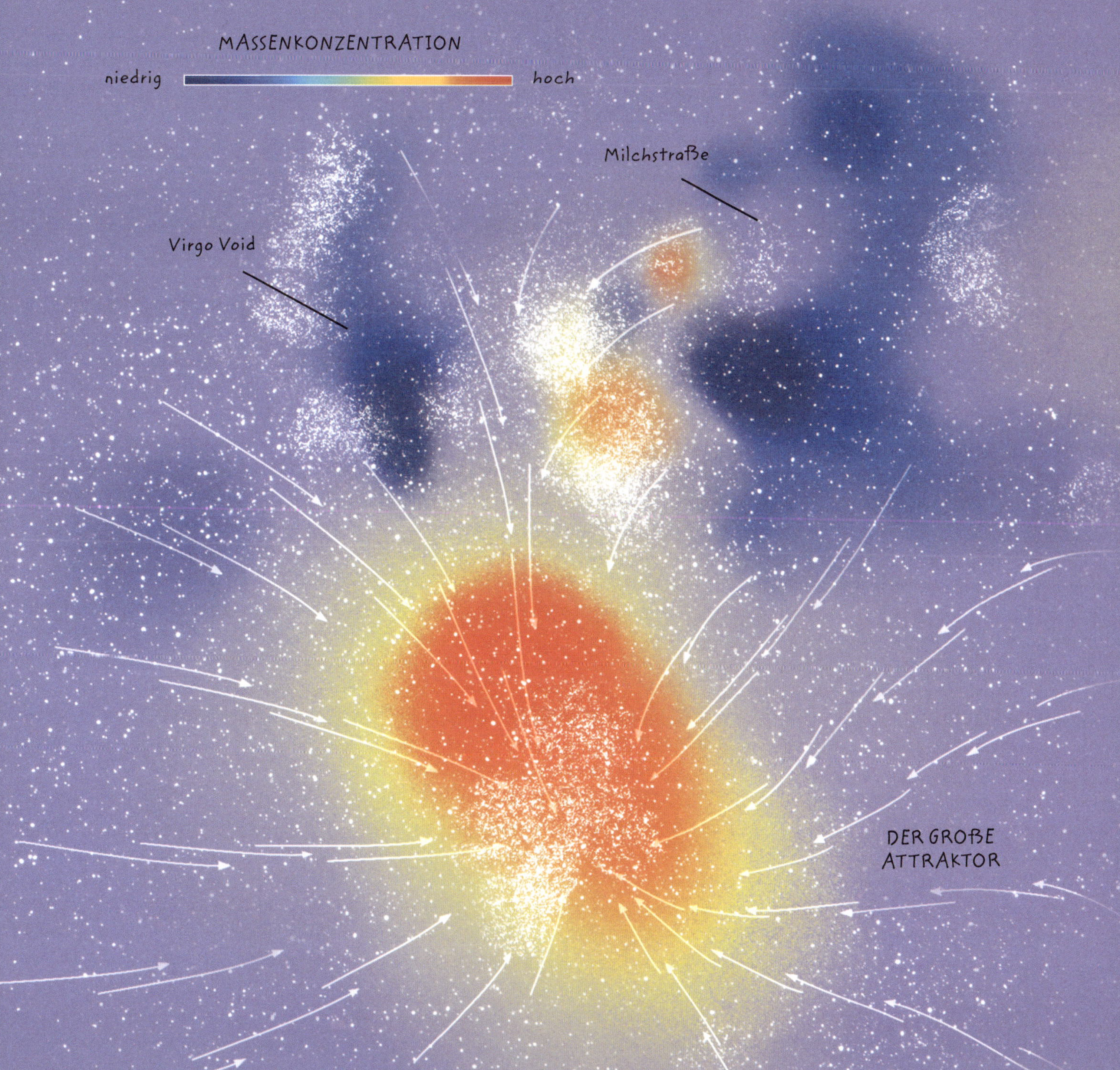

# Das UNIVERSUM verschwindet

Das Universum war nicht immer gleich groß. Es ist seit seinen Anfängen vor 13,8 Milliarden Jahren stetig gewachsen. In der Wissenschaft wird das als *Expansion* des Universums bezeichnet. Die Fläche des Weltalls, wie wir sie heute kennen, ist milliardenfach größer als zu den Anfängen des Universums. Selbst in diesem Moment dehnt es sich weiter aus.

## Per Anhalter durch die Galaxis

Damit du die Expansion des Universums besser verstehst, stelle dir einen Brotteig mit Rosinen vor. Jede Rosine steht für einen Galaxienhaufen, wie zum Beispiel den Virgo-Superhaufen. Geht der Brotteig auf und dehnt sich aus, entfernen sich die Rosinen voneinander, obwohl sie fest im Teig sitzen. Die Galaxien im Universum stecken im Raum wie die Rosinen im Teig. Dehnt sich dieser Raum aus, werden sie mitgenommen und entfernen sich voneinander.

URKNALL

## Auf, auf und davon

Auf Seite 108 haben wir erfahren, dass sich Galaxien durch die Schwerkraft zusammenziehen. Dies geschieht aber nur an einzelnen, aus astronomischer Sicht winzigen Stellen des Universums. Das Universum ist so unvorstellbar groß, dass sich die Galaxienhaufen in einem Teil tatsächlich von den Galaxienhaufen in einem anderen Teil entfernen, selbst wenn sich die Galaxien innerhalb jedes Haufens aufeinander zubewegen.

*Die Galaxien werden bei der Expansion des Universums mitgenommen.*

Je weiter eine Galaxie entfernt ist, desto schneller bewegt sie sich weg. Da sich das Universum im Laufe der Zeit immer weiter ausdehnt, entfernen sich immer mehr Galaxien so weit, dass sie aus unserem Blickfeld verschwinden und ihr Licht uns nie erreicht.

## Eine seltsame, dunkle Energie

Anfang des 20. Jahrhunderts wurde von Wissenschaftlern wie Albert Einstein, Georges Lemaître und Edwin Hubble nachgewiesen, dass das Universum expandiert. Seitdem galt die Annahme, dass sich die Ausdehnungsrate des Universums seit dem Urknall allmählich verlangsamt und dass die Schwerkraft der Milliarden von Galaxien auf den Raum einwirken und die Ausdehnung hemmen würde.

Bei Messungen in den 1990er-Jahren stellte sich zum Erstaunen aller heraus, dass sich das Universum nicht nur weiter ausdehnt, sondern dies noch viel rasanter geschieht als in seiner Anfangszeit! Bislang gibt es keine Erklärung für diese schnellere Expansion des Universums.

Die Forschung vermutet, dass es im Weltraum etwas gibt, das gegen die Schwerkraft und die Dunkle Materie ankämpft und das Universum immer schneller auseinandertreibt. Diese geheimnisvolle Kraft wird als Dunkle Energie bezeichnet. Niemand weiß, was die *Dunkle Energie* wirklich ist, aber es gibt eine Menge davon. Fast 68 Prozent des Universums bestehen aus ihr!

## Hinter dem Horizont

In einer weit entfernten Zukunft wird sich das Universum derart ausgedehnt haben, dass es dunkel und leer ist. In etwa 3 Billionen Jahren werden fast alle Galaxien außerhalb unserer Reichweite liegen. Sie werden sich schneller von uns entfernen, als das Licht braucht, um unsere Augen zu erreichen. Das Universum, wie wir es heute kennen, mit seinen Milliarden von Galaxien, wird nicht mehr zu sehen sein.

# DIE ALLERLETZTEN STERNE

Wir haben bereits erfahren, dass nicht alle Sterne gleich sind. Blicken wir heute ins All, sehen wir junge und alte Sterne, Zwerge und Überriesen, massearme und massereiche Sterne. Ein weiterer Unterschied zwischen den Sternen ist ihre Lebensspanne. Sie leben nicht alle gleich lang.

## Kosmisches Recycling

Sterne durchlaufen einen unglaublichen Recyclingprozess! Stirbt ein Stern, werden seine äußeren Hüllen bei einer Supernova-Explosion ins All geschleudert oder hauchen als planetarischer Nebel ihr Leben aus. Das Gas, das dabei freigesetzt wird und über riesige Entfernungen durchs All schwebt, verdichtet sich mit anderen Ansammlungen aus Gas und Staub zu einer Wolke, aus der neue Sterne geboren werden. Diese interstellaren Wolken sind Sternkinderstuben, in denen durch Kernschmelze der Gasteilchen viele Generationen von neuen Sternen entstehen.

## Es entstehen kaum noch neue Sterne

Das Universum hat das goldene Zeitalter der Sternentstehung bereits hinter sich gelassen. Untersuchungen verschiedener Galaxien unterschiedlichen Alters haben ergeben, dass wir überwiegend von alten Sternen umgeben sind, die während eines „Booms" vor 11 bis 9 Milliarden Jahren entstanden. Fast 90 Prozent der Sterne, die wir heute sehen, wurden in den letzten 10 Milliarden Jahren geboren. Heute hat sich die Entstehungsrate neuer Sterne auf weniger als 5 Prozent der Spitzenrate während des Booms reduziert.

Wahrscheinlich wird das Universum nur noch 5 Prozent mehr Sterne produzieren, als heute existieren. Wir stehen bereits am Anfang vom Ende der Sternentstehungsfabriken. Aber keine Sorge, die Endphase dauert Billionen von Jahren, dank der hohen Anzahl außergewöhnlich langlebiger Sterne, die unser Universum bevölkern.

*Das Recycling alter Sternmaterie für die Bildung neuer Sterne wird noch Billionen Jahre weitergehen. Irgendwann werden jedoch so viele Sternentwicklungen abgeschlossen sein, dass das gesamte Rohmaterial für die Entstehung neuer Sterne aufgebraucht ist. Alles wird umgewandelt und das meiste in toten Sternen wie Weißen Zwergen, Neutronensternen oder Schwarzen Löchern eingeschlossen sein.*

## Kleine Rote Zwerge

Der häufigste Sterntyp im Universum ist der Rote Zwerg. Allein in der Milchstraße zählt die Hälfte bis zu drei Vierteln aller Sterne zu den Roten Zwergen. Diese winzigen Sterne haben eine Masse, die bis zu einem Zehntel der Sonnenmasse betragen kann und eine Oberflächentemperatur von etwa 3.000 Grad Celsius (also etwa die Hälfte der Temperatur der Sonne) hat.

Auf Seite 92 haben wir gelernt, dass die Lebensdauer eines Sterns von seiner Masse zum Zeitpunkt seiner Geburt abhängt. Je massereicher ein Stern bei seiner Entstehung, desto schneller verbraucht er seinen Brennstoffvorrat und desto kürzer ist seine Lebensdauer. Da Rote Zwerge solch eine geringe Masse haben, verbrauchen sie ihren nuklearen Brennstoff nur sehr langsam. Sie müssen einfach sehr viel weniger Kraft aufwenden, um sich gegen die Schwerkraft zu stemmen.

Aus diesem Grund können diese kleinen roten Sterne 10 Billionen Jahre oder sogar länger leben. Irgendwann sind sie die letzten lebenden Sterne und ihr schwaches Strahlen das letzte Sternenlicht des Universums.

Wie alle anderen Sterne haben auch die Roten Zwerge ihren Brennstoffvorrat irgendwann aufgebraucht. Ihre Wärme entweicht ins Weltall. Sie werden zu kalten, kaum sichtbaren Schwarzen Zwergen.

# Die LETZTEN AKTE des UNIVERSUMS

Wir beenden unsere Reise in die Zukunft mit einem Ausblick auf das Ende des Universums selbst. Wir haben erfahren, dass sich das Universum seit dem Urknall immer weiter ausdehnt. Die Expansion beschleunigt sich im Laufe der Zeit, was auf die geheimnisvolle Kraft der Dunklen Energie zurückzuführen ist.

## Hitzetod

Der Schlussakt wird von der unaufhörlichen Ausdehnung des Universums beherrscht. Galaxienhaufen und einzelne Galaxien werden mehr und mehr im Raum isoliert. Der Kontakt zwischen den Galaxien geht verloren. Von den toten Sternen geht kein Licht mehr aus und das Universum wird von Schwarzen Löchern durchzogen. Selbst die Schwarzen Löcher könnten in einer sehr weit entfernten Zukunft verdampfen. Teilchen wie Protonen, aus denen die gesamte Materie besteht, könnten ebenfalls zerfallen.

Und in einer unvorstellbar weit in der Zukunft liegenden Zeit, geschrieben als eine 1 gefolgt von 30 Nullen, werden vom Universum nur noch ein paar seltsame Teilchen übrig sein, die kaum noch Energie abgeben. Das Universum wird dann kalt, dunkel und leer sein. Dies wird als Wärmetod des Universums bezeichnet.

## Der Endknall

Einige Wissenschaftler*innen glauben, dass das Universum ein dramatisches Finale erleben könnte. Wenn die Dunkle Energie in Zukunft noch stärker wird, könnte es zu einer ziemlich aktiven Zerstörung des Universums kommen.

Die enorme und stetig wachsende Kraft der Dunklen Energie würde immer schneller zunehmen und schließlich alles zerreißen, von Sternen über Planeten bis hin zu Galaxien und allem, was in dieser fernen Zukunft noch übrig ist. Selbst Moleküle und Atome würden durch die immer schnellere Ausdehnung des Raums zerfetzt werden. Die Kraft der Dunklen Energie wäre größer als die Schwerkraft und alle anderen Kräfte, welche Objekte zusammenhalten.

Das Universum würde mit einem *Endknall*, dem *Big Rip*, enden – alles würde auseinandergerissen, bevor es für immer verschwindet.

Aber keine Angst! Sollte die Vorhersage des Endknalls sich tatsächlich bewahrheiten, würde das erst in Billionen und Aberbillionen von Jahren geschehen – wer weiß, wie das menschliche Leben und die Technologie bis dahin aussehen! Um wirklich zu erfahren, wie das Universum enden wird, müssen wir herausfinden, was Dunkle Energie tatsächlich ist. Wir wissen noch nicht, ob diese Phantom-Energie immer gleich bleibt, deutlich stärker wird oder irgendwann einfach verschwindet.

## Erfreu dich noch heute an den Wundern des Universums

Das Universum ist so unglaublich und faszinierend, weil sich alles in ständiger Veränderung befindet. Wir wissen, dass unser Planet, das Sonnensystem, die Milchstraße, die Lokale Gruppe und das gesamte Universum nicht für immer gleich bleiben werden, aber wir wissen auch, wie schön es gerade jetzt in diesem Moment ist. Wenn du das nächste Mal zu den Wundern des Sternenhimmels aufschaust, erinnere dich an all diese Veränderungen.

Sterne, Planeten und Monde sind ständig in Bewegung. Die Sonne altert und einige der hellsten Sterne am Himmel von heute sind die Supernovas von morgen. Unsere Heimatgalaxie bewegt sich auf eine andere riesige Spiralgalaxie zu, während zur selben Zeit alle anderen, weit entfernten Galaxien voneinander wegrasen. Während du zum Himmel blickst, wird der Raum, den du beobachtest, immer größer. Die Zukunft des Universums entfaltet sich direkt vor unseren Augen.

# GLOSSAR

**Abnehmend:** Gleichmäßig verkleinernd, wie etwa der verschwindende Teil des Monds im Monatsverlauf

**Äquator:** Imaginäre Linie um die Mitte der Erde oder anderer Planeten

**Asteroiden:** Kleine, steinige Objekte, welche um die Sonne kreisen; in Regionen zwischen den Ringen des Mars und dem Jupiter bekannt als Asteroidengürtel

**Astronom*in:** Wissenschaftler*in, welche*r Sterne, Planeten und andere natürliche Objekte im All erforscht

**Astronomische Einheit (AE):** Einheit für Distanzen im All; die durchschnittliche Distanz von 150 Millionen Kilometern zwischen Erde und Sonne beträgt 1 AE

**Atmosphäre:** Hülle aus Gas, welche die Erde und andere Planeten umgibt

**Aurora:** Partikel der Sonne, die mit der oberen Atmosphärenschicht der Erde kollidieren und flackernde Lichtbände kreieren; auch Polarlichter, Nordlichter oder Südlichter

**Dunkle Energie:** Mysteriöse Masse im All, wie nach dem Urknall entstandene, sich zufällig bewegende Partikel

**Eisenoxid:** Ein Verbund aus Sauerstoff und Eisen

**Elektronen:** Winzige, negativ geladene Partikel aus Materie, kleiner als ein Atom

**Exoplaneten:** Planeten, die außerhalb unseres Sonnensystems um Sterne kreisen

**Feuerbälle:** Extrem grelle Meteoriten mit langen Schwänzen

**Flare (engl. für Aufleuchten):** Plötzliche Ausbrüche von Materie und Energie aus der Sonne

**Fundamental:** Ein wichtiger Teil von etwas

**Fusion:** Reaktion von Atomen miteinander, wobei riesige Mengen an Energie produziert werden

**Galaxie:** Große Ansammlung von Sternen, Gas, Staub und schwarzer Materie, zusammengehalten von Schwerkraft

**Großer Attraktor:** Riesige Masse im Universum, deren Schwerkraft so stark ist, dass sie Galaxien anzieht

**Helium:** Eine sehr leichte Substanz, eine Art Gas auf niedrigster Temperatur

**Hemisphäre:** Hälfte einer Kugel, etwa eines Planeten

**Internationale Raumstation (ISS, von engl. International Space Station):** Kreisende Raumstation von fünf Raumfahrtprogrammen und fünfzehn Ländern für wissenschaftliche Recherchen

**Interstellar:** Zwischen den Sternen

**Kometen:** Kleine Körper aus Stein, Staub und Eis, die um die Sonne kreisen

**Konstellation:** Bereich des Himmels mit einem von Menschen festgelegten Muster aus Sternen

**Koronaler Massenauswurf (CME, von engl. coronal mass ejection):** Wolken aus elektrifiziertem Gas, welche aus der Oberfläche der Sonne brechen

**Krater:** Runde Ausbuchtungen in Objektoberflächen, meist durch einen Aufprall aus dem All

**Lichtjahre:** Distanz, die das Licht in einem Jahr zurücklegt; Maßeinheit für Abstände in der Astronomie

**Lokale Gruppe:** Gruppe aus etwas 50 Galaxien inklusive der Milchstraße

**Magnetfeld:** Ein Bereich um eine elektrische Ladung oder ein Magnet, der Anziehen und Abstoßen anderer Magneten, Ladungen oder Objekte verursacht

**Masse:** Einheit, um die Menge an Materie in einem Objekt zu messen; je mehr Masse ein Objekt in einem Gravitationsfeld hat, desto schwerer (massiger) ist es

**Meteor:** Spur aus Licht am Himmel; entsteht, wenn kleine Stücke Stein oder Metall aus dem All fallen und in der Erdatmosphäre verbrennen

**Mondfinsternis:** Ereignis, wenn die Erde zwischen Sonne und Mond steht und der Mond im Schatten der Erde verschwindet

**Nebula:** Wolke aus Gas und Staub im All

**Neutronenstern:** Toter Stern, in dem die Schwerkraft so groß ist, dass seine Protonen und Elektronen zusammengepresst und zu Neutronen werden

**Organismus:** Ein Tier, eine Pflanze oder ein anderes Lebewesen

**Orrery (Planetenmaschine):** Mechanisches Modell des Sonnensystems, in dem alle Planeten mit der relativ korrekten Geschwindigkeit um die Sonne kreisen

**Partikel:** Kleines Stück Materie

**Planetarischer Nebel:** Entsteht durch eine Fusionsreaktion im Inneren eines Sterns, wenn er sich nicht mehr selbst erhalten kann

**Proton:** Partikel mit positiver elektrischer Ladung im Kern alle Atome

**Roter Riese:** Alternder Stern mit einer etwas niedrigeren Oberflächentemperatur, die ihn rot leuchten lässt

**Roter Superriese:** Sterbender Monsterstern

**Roter Zwerg:** Winziger Stern mit geringer Masse, der seinen Treibstoff sehr langsam verbraucht

**Rover:** Roboter auf Rollen, der die Oberfläche eines Planeten, Monds oder Weltraumobjekts mit einer festen Oberfläche erkundet

**Schwarzes Loch:** Bereich im All mit einer solchen Sogkraft, dass nicht einmal Licht ihr entkommen kann

**Schwarze Zwergsterne:** Endphase beim Tod eines Sterns, wenn der Treibstoff des Sterns verbraucht ist

**Schwerkraft (Gravitation):** Kraft, die alle Objekte gegenseitig anzieht; Stärke hängt von der Masse des Objekts ab

**Solarwind:** Strom geladener Partikel aus der oberen Atmosphärenschicht der Sonne

**Sonnenfinsternis:** Wenn der Mond, von der Erde aus gesehen, direkt an der Sonne vorbeikommt und der Mondschatten auf die Erde fällt

**Stellar:** Sterne betreffend

**Superhaufen:** Gruppe aus Galaxienansammlungen; die Lokale Gruppe ist Teil des **Virgo-Superhaufens**

**Supernova:** Unglaublich starke Explosion, wenn der Treibstoff eines Sterns aufgebraucht ist

**Superriese:** Massiger, leuchtender Stern mit einem Lebenszyklus von vermutlich einer guten Million Jahren

**Tag-Nacht-Grenze:** Linie, welche die Sonnenseite des Monds von der dunklen trennt

**Terrestrisch:** Etwas aus oder auf trockenem Land oder auf den Planeten Erde bezogen

**Umlaufbahn:** Weg eines Objekts um ein anderes im All, etwa Planeten um Sterne

**Wasserstoff:** Ein farbloses Gas; das leichteste und häufigste Element im Universum

**Weißer Zwerg:** Winziger, aber heißer und glühender Kern eines toten Sterns

**Zentaur:** Eine mythologische Figur mit dem Kopf, den Armen und dem Oberkörper eines Mannes und dem Unterkörper und den Beinen eines Pferds

**Zunehmend:** Gleichmäßig anwachsend, wie etwa der sichtbar werdende Teil des Monds im Monatsverlauf

# MEHR INOFRMATIONEN

## Digitale und analoge Fundgruben für Himmelskundler

### ALLGEMEIN

**European Space Agency (ESA)**

*www.esa.int*

Einen Blick aus der Internationalen Raumstation auf die Erde über eine Webcam sowie viele weitere Informationen über ihre Aufgaben und das All gibt es auf der Website der ESA, allerdings zumeist auf Englisch.

**ESA Kids**

*www.esa.int/kids/de/home*

Ein breites Angebot an digitalen Spielen, Artikeln und Wettbewerben bietet die Kinderwebsite der ESA. Räume gemeinsam mit Alien Paxi das Weltall auf oder entdecke Pinguinkol aus dem Kosmos.

**Geolino**

*www.geo.de/geolino/forschung-technik/15089-thma-weltall*

Das Onlineangebot der Zeitschrift Geolino versammelt Erkundungen auf dem Kometen Chury, Interviews mit echten Astronaut*innen oder Tipps, wo sich die schönsten Sterne am Himmel befinden.

**Größenverhältnisse im Universum**

*https://htwins.net/scale2/*

Wie groß ist die Welt von Minecraft im Verhältnis zum Neptun? Diesen und mehr Größenvergleiche bietet diese Website. Auf beeindruckende Weise geht es hier von der allerkleinsten Materie bis hin zum Rand des uns bekannten Universums. Auf Deutsch und in anderen Sprachen verfügbar.

### Deutschland

**Deutsches Zentrum für Luft- und Raumfahrt (DLR)**

*https://www.dlr.de/next*

Live-Calls aus der ISS mit deutschen Raumfahrer*-innen, Lernmaterialien, packende Artikel oder Ideen für heimische Experimente gibt es auf der Jugendseite des DLR, unterwegs auch auf der kostenlosen DLR_next App. Am Hauptsitz Köln und an weiteren Standorten wie Bremen oder Aachen sind persönliche Besuche, auch für Schulklassen, möglich.

**Orbitall Berlin**

*www.orbitall.fez-berlin.de*

Im virtuellen Raumschiff Phönix geht es zur ISS, wo man an verschiedenen Geräten lernt, was Kommandant*innen, Bordingenieur*innen und Techniker*innen alles können müssen.

**Odysseum Köln**

*www.odysseum.de*

Einmal wie ein*e Astronaut*in fühlen? Der Weltraumtrainer macht es möglich und schüttelt seine Passagiere so richtig durch.

**Deutsche Raumfahrtausstellung Morgenröte-Rautenkranz e. V.**

*www.deutsche-raumfahrtausstellung.de*

Wie sieht ein Raumanzug aus? Wie lebt es sich auf einer Raumstation? Und wie funktionieren Satelliten? In Muldenhammer finden sich die Antworten.

**Technik-Museum Speyer**

*www.speyer.technik-museum.de*

Die echte Raumfähre „Buran“ und eine originale „Sojus“-Landekapsel können hier bestaunt werden. Dazu sind die wichtigsten Entwicklungen der Raumfahrt von ihren Anfängen bis zur Gegenwart dargestellt.

## Österreich

**Kuffner Sternwarte**

*www.planetarium-wien.at*

Astronomische Führungen für Kinder ab 6 Jahren und bei schönem Wetter Blick in die Sterne mit einem Fernrohr aus dem Jahr 1886. Jeden Samstag ab 17 Uhr, die Führungen hängen von der Wetterlage ab.

**Planetarium Wien**

*www.planetarium-wien.at*

An zwei Sonntagen im Monat (außer Juli und August) ist Familientag: Weltraum-Maus Yanni nimmt Kinder ab 4 Jahren mit auf Weltraummission und erzählt Spannendes über unser Sonnensystem.

**Urania Sternwarte**

*www.planetarium-wien.at*

Die älteste Sternwarte in Wien bietet einen Blick ins All durch ein computergesteuertes Fernrohr und spannende Führungen für Kinder ab 6 Jahren zu unterschiedlichen Themen mit einer Dauer von rund 1,5 Stunden, je nach Wetterlage.

**Naturhistorisches Museum Wien**

*www.nhm-wien.ac.at*

In Saal 16 kann man digital zwischen den Sternen fliegen und in Saal 5 ermöglicht eine Meteor-Radarstation die Verfolgung von Meteoriten in Echtzeit. 1.100 Meteoritenstücke, Hands-on-Stationen und Animationen machen die kosmischen Brocken und ihre Forschung greifbar.

**Technisches Museum Wien**

*www.technischesmuseum.at*

Kinder von 12 bis 14 Jahren können sich auf eine spannende Rallye durch die Galaxie begeben. Eine Stunde voller faszinierender Experimente, kniffliger Aufgaben und jeder Menge Antworten rund um das Weltall warten in der Ausstellung.

## Schweiz

**Urania Sternwarte Zürich**

*www.urania-sternwarte.ch*

Gehört seit 100 Jahren zum kulturellen Leben der Stadt Zürich und bietet viele verschiedene Führungen, etwa an jedem 1. Samstag im Monat für Kinder und auf Anfrage auch für Schulklassen. Donnerstags, freitags und samstags öffnet zudem die Observatoriumskuppel.

**Sternwarte Planetarium Sirius**

*www.sternwarte-planetarium.ch*

Im Berner Oberland ermöglicht das moderne Planetarium unabhängig vom Wetter Gruppen, Schulklassen, Familien und Einzelpersonen eine Reise ins Weltall. Mit einem der größten Teleskope der Schweiz sind die Sterne zum Greifen nah.

**Verkehrshaus**

*www.verkehrshaus.ch/besuchen/museum/mobilitaet/luftfahrt.html*

Erdlinge können in Luzern den Mars besuchen und drei Marsrover entdecken. Vier Themenwelten nehmen mit auf die Reise durch den Kosmos. Was man dabei mitnehmen muss und wie die Länder wetteiferten, wer zuerst auf dem Mond landen wird, lernt man ebenfalls.

**Planetenweg**

*www.myswitzerland.com/de-de/erlebnisse/planetenweg/*

Unterhalb der Sternwarte FXB beginnend, führt der Wanderpfad auf 2.200 bis 2.500 Metern Höhe vor den Viertausendern in die Walliser Alpen. Auf rund 6 Kilometern erfährt man viel über das Sonnensystem und kann die Planeten in einem Maßstab von 1 Zentimeter zu 1.000 Kilometer begutachten. Jeder Schritt legt 1 Million Kilometer im Kosmos zurück.

# INDEX

ISBN 978-3-7432-1559-7
1. Auflage 2023
Zuerst erschienen 2022 auf Englisch unter den Originaltiteln
*Wonders of the Night Sky* und *The Future of the Universe* bei Wayland

Bühlstraße 4, D-95463 Bindlach
Aus dem Englischen übersetzt von Katharina Meyer
Umschlag- und Innenillustrationen: Jan Bielecki
Umschlaggestaltung: Elke Kohlmann
Printed in Asia

www.loewe-verlag.de